REBEKKA GOHLA

BEZIEHUNGSSTATUS:

☐ Vergeben   ☐ Single

☒ ICH MAG

KEKSE

KEINE ANLEITUNG ZUM SINGLESEIN

BRUNNEN
Verlag GmbH · Giessen

© 2018 Brunnen Verlag Gießen
www.brunnen-verlag.de
Lektorat: Konstanze von der Pahlen
Umschlagfoto: Shutterstock
Umschlaggestaltung: Daniela Sprenger
Satz: DTP Brunnen
Druck: CPI – Ebner & Spiegel, Ulm
ISBN 978-3-7655-4329-6

Inhalt

Single??? Ich weiß nicht ...

„Bist du sehr unglücklich?", fragt mich die ältere Dame aus meiner Gemeinde und sieht mich dabei teilnahmsvoll an. Ich stutze irritiert, weil ich nicht weiß, welche Tragödie mir entgangen ist. Aber als sie dann treuherzig erklärt: „Ich bete für dich, dass du bald einen Mann findest!", da ahne ich, was in meinem Leben offenbar gehörig schiefläuft: Ich bin Single.

Genau. Ich bin Single. Und ich liebe Beziehungen. Heißt das, dass ich innerlich verzweifelt bin und langsam verkümmere? Dass es für mich kein anderes Thema gibt? Oder dass ich schleunigst was an meinem „Zustand" ändern und mehr beten sollte, um endlich einen Mann zu finden?

Jetzt mal ganz ehrlich: Wer sagt eigentlich, dass ich zutiefst unglücklich sein muss, weil ich nicht in einer Beziehung bin? Und wer sagt, dass Single sein ein Teil meiner Identität ist? Ich bin doch ich, daran ändert sich durch meinen Beziehungsstatus nichts. Egal ob du liiert oder alleinstehend bist – am Ende sind es doch ganz andere Dinge, die uns als Menschen ausmachen, oder? (Zum Beispiel die Frage, ob wir Kekse mögen. Also ich schon, falls es jemanden interessiert ...)

Und genau deshalb finde ich, dass es höchste Zeit wird, etwas Druck aus der Sache zu nehmen. Zeit für einen humorvollen Blick auf das Singleleben, der zugleich absolut offen und ungeschminkt ist. Hier soll es also um die Höhen und Tiefen gehen, die Freiheit und die Vorteile, aber auch um die Zeiten, in denen es absolut ätzend ist, allein zu sein – und ja, bei Frauen kann das auch schon mal alles gleichzeitig der Fall sein! Eins ist jedenfalls sicher: Single sein, ob gewollt oder ungewollt, heißt nicht, dass du dich auf einem Weg in deinem Leben befindest, der schlechter ist als der von Paaren.

Deshalb muss ich auch gleich eines klarstellen: Wenn du auf der Suche nach den neuesten Geheimtipps bist, wie du endlich deinen Traummann findest, oder die drei besten Wege erfahren möchtest, um innerhalb der nächsten 423 Tage unter die Haube zu kommen (sind wir realistisch: die Planung einer Traumhochzeit braucht ein Jahr!), dann solltest du dieses Buch hier gleich wieder zur Seite legen. Denn Ratgeber zum Thema Eheanbahnung und wie du möglichst pannenfrei in einer dauerhaften Beziehung landest, gibt es zur Genüge.

Also, was ist das nun mit den Singles? Sind wir wirklich alle auf der Suche nach dem Einen? Wie geht es uns mit freien Wochenenden, Urlauben und Hochzeitseinladungen? Wie ist es mit lauter Freunden, die man selten für sich hat, sondern immer mit Freund, Ehepartner oder Kindern teilen muss? (Ich liebe meine verheirateten Freunde und auch deren Kinder sehr, aber wer Single ist, weiß, wovon ich spreche!) Was mache ich auf Partys, wenn ich inmitten von Paaren stehe, die über die aktuellen Angebote auf dem Immobilienmarkt oder die neusten Lehrplanänderungen in der Schule ihrer Sprösslinge reden?

Ich will dich mit hineinnehmen in manche typischen Singleerlebnisse aus meinem Leben. Was auch bedeutet, dass ich an einigen Stellen sehr offen über Dinge rede, die ich bisher nur mit engen Vertrauten besprochen habe. Aber wir sind hier ja unter uns.

Jetzt geht's los. Ich wünsch dir viel Spaß beim Lesen. Dass du laut lachen kannst, kräftig nickst und am Ende weißt: Du bist nicht allein!!!

Deine Rebekka

PS: Für all die Menschen, die dieses Buch lesen und gleichzeitig nicht Single sind: Herzlich willkommen! Ehrlich, ich freue mich total über euch, weil ich hoffe, dass ihr „was mitnehmt", wie man so schön sagt – zum Beispiel den Beziehungsstatus „Single" bei Menschen in eurem Umfeld nicht als Behinderung oder Makel zu sehen. Jeder von uns erlebt mal bessere und mal schlechtere Tage, oder? Ganz egal ob Single, liiert, Kinder, keine Kinder …

PPS: Die Geschichten, die ich erzähle, sind alle wahr. Aber damit sich niemand auf den Schlips getreten fühlt, habe ich von ein paar Leuten und Orten die Namen geändert.

ICH & ICH

Über Alleinsein, Selbstgespräche
und Au-pairs für Singles

Allein leben ist …

Ich liebe es, alleine zu leben. Ich liebe meine Unabhängigkeit. Das Problem an der Sache ist allerdings, dass es irgendwann zu viel wird. Bei vier freien Tagen freue ich mich noch über den Luxus, nicht arbeiten gehen zu müssen. Und während ich am ersten Tag ausschlafe, ein Rührei zum Frühstück genieße und den Vormittag in einem Café verbringe und Tagebuch schreibe, wird mir spätestens am Nachmittag langweilig. Nicht, weil ich nichts zu tun habe. Aber ein ganzer Tag, ohne mit jemandem zu reden (na gut, mehr als die Bestellung eines Latte macchiatos), das ist irgendwie anstrengend.

Am Abend versuche ich, mich mit Freunden zu verabreden. Nachdem ich die Kontaktliste in meinem Telefon durchgegangen bin, bleibt allerdings niemand mehr übrig. Entweder sind die Mütter bei ihren Kindern oder – das bestätigen die zahlreichen kurzen Telefonate – die Ehefrauen gerade auf dem Sofa neben ihrem Schatz versackt. Wäre doch herzlos, sie da wieder herauszuzwingen, oder?

Alleine etwas trinken gehen? Nein, das finde ich wirklich blöd. Also bleibe ich daheim und begnüge mich mit Serien, einem Buch und hin und wieder einem Selbstgespräch. Um 22 Uhr schließlich entwerfe ich panisch einen Plan für die nächsten Tage. Noch drei solcher freien Tage überlebe ich nicht. Wer also hat Lust auf Kino? Freibad? Zu heiß?! Okay, dann komm doch wenigstens zu mir nach Hause, wenn du schon nicht unterwegs sein willst. Das ist ein Kompromiss, mit dem ich leben kann. Denn immerhin begleitet mich jemand über ein paar Stunden, während ich daheim anfange zu verschimmeln.

Es gibt Tage (und das hat nichts mit dem weiblichen Zyklus zu tun), da geht mir dieses ganze Alleinsein richtig auf den Wecker. „Allein sein zu dürfen ist das Schönste, allein sein zu müssen das Schlimmste", hat mal ein kluger Mann gesagt. Und genau so ist es! Ich liebe es, allein zu sein – wenn ich denn will. Aber immer allein sein zu müssen in dem Wissen, dass all meine Freunde bei ihren Familien und Partnern sind, kann ganz schön deprimierend sein.

Irgendwann vor ein paar Wochen saß ich auf dem Sofa. Ich war müde. Ich war aber nicht einfach nur körperlich müde. Ich hatte das Gefühl, dass mir alles über den Kopf wächst. Ich muss nicht nur arbeiten gehen, sondern währenddessen noch überlegen, was ich heute zu essen mache. Welche Zutaten brauche ich? Habe ich die noch daheim? Nein – wo also gehe ich einkaufen? Die Wäsche muss dringend gemacht werden und bei der Versicherung muss ich auch anrufen, keine Ahnung, warum die mir eine Mahnung geschickt haben.

So wie eine Familienfrau ihren Alltag organisieren muss, muss ich das auch für mein Leben tun. Wenn ich mich nicht kümmere, dann kümmert sich niemand, und irgendwann hab ich dann nicht nur keine saubere Wäsche mehr, sondern vielleicht auch Rechnungen ohne Ende und kein Essen im Kühlschrank oder aber der Strom wird abgestellt.

Es gibt diese Tage, an denen ich mir so sehr wünsche, dass ich all diese Lasten teilen kann. Ich habe dann keine Lust mehr, immer alles alleine machen zu müssen. Wieso ist niemand da, der sich um die Versicherung kümmert? Wieso kann niemand für mich einen Termin beim Arzt machen?

Wieso muss ich das eigentlich alles alleine machen? Und sind wir mal ehrlich, das ist ja lange noch nicht alles. Wieso eigentlich muss ich die Einkäufe immer alleine in den zweiten Stock tragen?! Mir reicht es, ich bin seelisch müde, habe keine Lust mehr, allein sein zu müssen.

Nachdem ich ein Stündchen über das Alleinsein geheult habe, wische ich mir die Tränen aus dem Gesicht und hole die Wäsche aus dem Keller. Es ist ätzend, aber wenn ich mich nicht zusammenreiße, dann passiert hier gar nichts. Auch keine Lösung.

Zum Glück sind diese Tage selten und ich kriege mich auch schnell wieder ein. Aber wenn es einmal so weit ist, dann ist hier im Haus eine Krise angesagt. Ist ja auch unfair, dass niemand mein Holz aus dem Baumarkt nach oben trägt. Ich brauche ja keinen Mann fürs Leben – einer, der meine Einkäufe hochträgt und hin und wieder etwas für mich regelt oder mal kocht, würde reichen.

Ganz schlimm wird es allerdings erst dann, wenn mich meine Gesundheit im Stich lässt. Ich weiß nicht, ob es nur mir so geht – das mag ich mir gar nicht vorstellen –, aber wenn ich krank werde, dann entwickle ich mich zurück in den Kindmodus. Ich will nicht alleine sein! Ich will jemanden, der für mich sorgt, der mich pflegt, der mir eine Suppe kocht und mein Bett frisch bezieht, mich mit einem mitfühlenden Blick fragt, wie es mir geht, und der da ist. Okay, eigentlich will ich meine Mama. Aber welche Mama hat schon Lust, ihre erwachsenen kranken Kinder aufzunehmen und zu pflegen? Die Gleichung ist nämlich einfach: Darf einer, dürfen alle anderen auch. Und bei vier Kindern hört der Spaß in meinem Elternhaus sicher schnell auf!

Aber zurück zum eigentlichen Problem. Sosehr ich das Leben als Single, allein in meinen vier Wänden, auch genieße:

Wenn ich krank werde, dann finde ich es furchtbar, alleine zu leben. Tagsüber geht es noch einigermaßen. Da liege ich so im Bett und sieche vor mich hin. Je nach Erkrankung hat man dann ja auch wirklich Besseres zu tun. Und hey, so ein Weg ins Badezimmer wird oftmals unterschätzt! Tagsüber ist es vielleicht auch deshalb nicht so schlimm, weil um mich herum die Welt weiterläuft. Menschen fahren zur Arbeit, gehen einkaufen, kommen nach einem langen Tag nach Hause und freuen sich auf einen gemütlichen Abend daheim.

Aber sobald der Abend voranschreitet und die Welt langsam ins Bett geht, um zu schlafen, regt sich bei mir die Panik. Was ist, wenn das Fieber steigt? Was ist, wenn ich Hilfe brauche und keine Hilfe rufen kann? Ich weiß nicht, was es ist – wahrscheinlich die Angst, im entscheidenden Moment allein zu sein, wenn ich es eben nicht sein will oder sollte. Ich weiß auch nicht, die Dunkelheit … und irgendwie sind die Stunden in der Nacht ja auch länger, oder? Hallo? Geht das nur mir so?

Was mache ich dann also? Das Licht im Flur brennen lassen, die Tür einen Spalt offen lassen und versuchen zu schlafen.

Ja, wirklich, in solchen Zeiten bin ich weinerlich, fühle mich schwach und elendig und würde am liebsten mit Schokolade auf dem Sofa versinken und Serien gucken. Leider ist Fernsehen manchmal zu anstrengend und Schokolade bereitet nur den Weg zurück ins Bad vor. Und dann liege ich im Bett, fühle mich hilflos und finde es einfach nur zum Kotzen, alleine zu leben.

Dabei hab ich es total gut. Letztes Mal hat mir meine Mama Essen vorbeigebracht, eine Freundin ist für mich zur Apotheke gefahren und die andere hat mir ebenfalls Notfallsachen besorgt. Ist ja nicht so, als wäre ich tatsächlich alleine, nur weil sich niemand in meiner Wohnung aufhält. Aber manchmal muss ich mich daran bewusst erinnern. Damit ich nicht im Selbstmitleid versinke und mich noch mehr auf meine Schmerzen und meine körperlichen Leiden konzentriere.

Deshalb ist es umso toller, mit Freundinnen gesegnet zu sein, die nachts ihr Handy am Bett anlassen, damit ich im Notfall anrufen kann, oder Eltern zu haben, die mich mit allem versorgen, was ich brauche. Der einzige Haken daran ist manchmal, dass ich darum bitten muss. Nach zwei Tagen Magen-Darm sagt meine Freundin Kathrin am Telefon: „Wieso hast du nicht früher angerufen? Ich hätte dir doch was vorbeibringen können! Wir wohnen nun wirklich nicht weit weg!"

Ja, warum hab ich nicht früher angerufen? Wahrscheinlich, um ehrlich zu sein, weil ich zu stolz war. Weil ich niemandem zur Last fallen und nicht schwach sein wollte. Also doch zu stolz – vor allem, wie stark kann man sich nach zwei Tagen im Bett schon zeigen???? Kathrins Antwort war recht eindeutig: „Du hast doch besser gelernt, für dich zu sorgen!" Hat sie recht. Ja, ich kann besser für mich sorgen.

Wie oft versuchen wir, gut für uns zu sorgen? Wir machen Sport, versuchen, uns fit zu halten (ich versuche ehrlich gesagt eher, fit zu werden), essen bewusst und regelmäßig, bemühen uns, viel zu trinken … und auch so etwas, wie Freunde oder Familie im Notfall um Hilfe zu bitten, gehört zur Selbstfürsorge! Wenn nicht wir, wer dann? Mal ehrlich – egal ob Single oder nicht, wir können doch nicht immer darauf warten, dass andere sich melden oder im Gefühl haben, wenn wir sie brauchen.

Ja, ich weiß. Wir Frauen wollen, dass andere spüren, wie es uns geht, und wir nichts sagen müssen. Das wäre wunderbar. Aber so läuft das meistens nicht. Deshalb ist es wichtig, dass wir auf uns achten und nicht erst dann etwas sagen, wenn es gar nicht mehr anders geht. Dabei ist es egal, ob es um Toilettenpapier, Salzstangen und Zwieback oder eine Packung Wassereis nach der Entfernung des letzten Weisheitszahnes geht!

Wenn du nicht alleine daheim bleiben willst, wenn du krank bist, dann tu etwas dagegen! Ich hab in den sechs Jahren nach meinem Auszug aus meinem Elternhaus zweimal wieder dort übernachtet – beide Male war ich krank bzw. frisch operiert und wollte oder sollte nicht alleine sein. Also hab ich mich überwunden und ich konnte bei meinen Eltern im Gästezimmer schlafen. (Ja, die anderen drei dürfen das auch, wenn sie fragen; denn darf einer dürfen …) Wir sollten uns nicht von unserem Stolz abhalten lassen oder aus Angst, zurückgewiesen zu werden. Was soll schon passieren? Wir würden Freunden doch auch etwas vorbeibringen, wenn sie krank sind, oder?

So wehleidig und schlimm ich in diesem Moment vielleicht auch bin: Es wird besser! Daran erinnere ich mich immer wieder. „Rebekka, du warst schon einmal krank. Und du hast es überlebt – erinnerst du dich? Also halte durch, es wird besser!"

Bei meiner letzten Grippe hab ich gedacht, dass ich mich tatsächlich so anstelle wie die, die unter dieser mysteriösen Männergrippe leiden. Das hab ich meiner verheirateten Freundin am Telefon erzählt. „Glaub mir, Rebekka, da ist noch viel Luft nach oben!", hat sie geantwortet. – „Aber ich bin furchtbar, heule nur rum und …" – „Glaub mir", unterbricht sie mich erneut, „da ist noch ganz viel Luft nach oben!"

Da wusste ich wieder, warum ich das Alleineleben doch nicht nur zum Kotzen finde! (Sorry, Mama, für die Ausdrucksweise. Muss manchmal einfach sein.)

Einsam auch mit Partner oder: Au-pairs für Singles

Krank sein ist nur eine von den Situationen, in denen ich nicht alleine sein will. Also wäre ein Partner äußerst praktisch, oder? Aber nicht nur dann – denn wer trägt meine Einkäufe hoch, wer repariert den tropfenden Wasserhahn?

Jetzt mal Hand aufs Herz: Wenn ich mich wirklich hinterfrage und überlege, was mein Motiv ist, dann stelle ich schnell fest: Der Wunsch, im Leben Unterstützung zu haben, bedeutet nicht gleich, dass ich einen Partner an meiner Seite haben muss. Ich habe darüber nachgedacht und ich glaube, dass in diesem Wunsch zugleich eine ernsthafte Frage liegt: nämlich die, worin wir unser Glück suchen.

Wir wünschen uns – manchmal mehr und manchmal weniger – sehnlichst einen Partner. Für die allermeisten sieht Plan A so aus: Mann, Kinder, Haus, Garten. Meine Freundinnen, die teilweise auf die 40 zugehen, setzen sich besonders häufig damit auseinander, wie ihr Leben weitergehen soll. Noch immer kein Mann in Sicht und vom Traum von Familie müssen sie sich irgendwann vielleicht ganz verabschieden. Wie es scheint, ist dann nicht nur Plan A begraben – alle anderen potenziellen Pläne sehen dagegen viel schlechter aus.

Doch nur weil aus diesem Plan (noch) nichts wird, bedeutet das doch nicht, dass unser Leben vorbei ist und wir nie mehr glücklich werden können! Wenn wir glauben, dass wir nur mit Partner Erfüllung im Leben finden können, stellen wir ihn dann nicht auf eine utopische Stufe, die er niemals erreichen kann? Einen Mann zu haben wird nicht meine Probleme lösen. Klar, wenn er toll ist, kocht er mal oder wir gehen gemeinsam den Pflichten des Haushaltes nach. (Schon klar, eine gute Beziehung bietet noch mehr als das!) Aber das bedeutet nicht, dass mein Herz von nun an stets ausgefüllt sein wird. Und es bedeutet auch nicht, dass ich mich nie mehr einsam fühlen werde.

Denn das Tückische an der Einsamkeit ist, dass sie auch dann vorhanden sein kann, wenn wir gar nicht alleine sind. Alleine zu sein bedeutet per Definition, dass wir uns alleine, ohne eine andere Person oder ein Tier, in einem Raum befinden. Es ist also tatsächlich möglich, dass wir uns mit einem Partner einsam fühlen, auch wenn wir „offiziell" nicht mehr alleine sind! Also ist es vielleicht gar nicht die Beziehung, die am Ende unser Herz und unsere Sehnsüchte füllen wird? Sind es gar nicht die Träume, die mit einer Beziehung in Erfüllung gehen, die uns glücklich machen?

Ein schwieriges Thema, denn wer von uns will schon über einen Plan B nachdenken? Wer glaubt wirklich, dass es eine Alternative zu dem Mann-Kinder-Haus-Garten-Leben gibt, das wir uns immer erträumt haben? Und wenn, kann die nicht annähernd so gut sein …

Dieses Denken führt dann dazu, dass sich manche aus Verzweiflung und Angst an einen Partner klammern, obwohl sie genau spüren, dass sie ihn gar nicht lieben, oder wissen, dass er nicht gut für sie ist. In den letzten Monaten sind mir gleich zwei Frauen unterschiedlichen Alters begegnet, die sich eigentlich von ihrem Partner trennen wollten, es dann aber doch gelassen haben. „Wenn ich ihn jetzt gehen lasse, wer weiß, ob ich noch einen finde?", meinte die eine zu mir. „Du bist 26! Da können noch so viele tolle Männer an dir vorbeiziehen. Und selbst wenn nicht: Willst du dein Leben lieber mit einem faulen Kompromiss führen, anstatt ehrlich zu dir und deinem Freund zu sein?" Ja, das wollte sie. Trotz mehrerer Anläufe ist sie immer noch mit ihrem Freund zusammen, und das offenbar aus Angst.

Eine andere Freundin, die keine Christin ist, ist in ihrer Beziehung absolut unglücklich. Vor allem seit sie mit ihrem Partner zusammenlebt, stellt sie fest, dass sie immer unzufriedener wird. Die gemeinsame Planung ihrer Zukunft ist kaum noch Thema, einfach, weil es nichts zu planen gibt. Die Lösung liegt auf der Hand, finde ich, und sie weiß, dass sie diejenige ist, die eine Entscheidung treffen muss. Wenn sie diese Wut, die aus der Unzufriedenheit resultiert, loswerden will, muss sie eine Entscheidung für oder gegen den Partner treffen. Aber gegen ihn entscheiden bedeutet gleichzeitig den Auszug, das Suchen einer neuen Wohnung, einen ungewissen Neuanfang – und all das ist mit Aufwand, Stress und Kummer verbunden.

Allerdings ist das nicht der Hauptgrund. Denn am allermeisten hat sie Angst davor, alleine zu sein. Seit sie daheim ausgezogen ist, war sie immer in einer Beziehung. Wenn jetzt kein Partner mehr an ihrer Seite wäre, bliebe vor allem die Angst vor der Einsamkeit und der Leere – sowohl innerlich als auch in ihrem täglichen Zeitplan.

Keiner kommt gern nach Hause in eine dunkle Wohnung, wo niemand auf einen wartet und wo man nur mit sich alleine ist. Ich verstehe die Verzweiflung und die Sehnsucht. Wirklich, ich glaube, dass es sich dabei um Gefühle handelt, die schwer auszuhalten sind. Aber kann das die Basis für eine gesunde Beziehung sein? Wohl kaum! Dann ist es besser, erst mal keinen Partner zu haben.

Wir denken oder hoffen, dass wir uns in einer Beziehung nicht mehr einsam fühlen, weil der Partner die Leere um uns herum und in uns füllen kann. In dem Moment versprechen wir uns von einer Partnerschaft, dass die Einsamkeit außen vor bleiben muss. Dabei wissen wir längst, dass wir uns auch in Gemeinschaft mit anderen einsam fühlen können. Ich glaube nicht, dass Gott möchte, dass wir in faulen Kompromissen leben, um oberflächlich betrachtet unsere Leere zu füllen. Und ganz ehrlich? Das haben weder du noch dein Partner verdient. Das ist nicht das, was Gott sich für dich wünscht. Und vor allem machst du es ihm so schwer, dir zu zeigen, wie viel mehr er für dich hat. Wenn er das Leben in Fülle verspricht, dann dürfen wir doch darauf vertrauen, dass er etwas viel Besseres für uns im Ärmel hat als einen schlechten Kompromiss, oder?!

Und so schön ein Partner möglicherweise auch wäre: Ich glaube, dass wir uns – ich eingeschlossen – im Grunde nicht immer unbedingt einen Partner wünschen. Manchmal würde auch eine gute Freundin helfen, mit der wir das Alleinsein teilen können. Weil ich mit ihr nicht mehr alleine bin und somit diese Last auch nicht mehr alleine tragen muss.

Apropos: Ich habe überlegt, dass Au-pairs für Singles eine gute Lösung wären. Das ist eine echte Marktlücke, oder? Sie könnten einfach meine To-do-Listen mit abhaken: einkaufen, kochen (ich hasse kochen!), von mir aus auch mal putzen oder waschen und vor allem so männliche Sachen machen wie Reparieren, Dübeln und Bauen. Bisher muss ich alle Schrauben selbst ins Holz drehen – könnte er doch übernehmen? Er müsste ja nicht unbedingt mit in meinem Singlehaushalt wohnen. Das sähe in der Gemeinde wahrscheinlich auch ziemlich komisch aus. Und meine Nachbarn würden schnell denken, ich hätte mir einen blutjungen Lover angelacht.

Aber vielleicht ist es an der Zeit, wirklich mal über diese Lücke im System nachzudenken? So ein Au-pair für Singles wäre doch DIE Lösung für all die Momente, in denen ich Hilfe brauche und die To-do-Liste nicht alleine bewältigen kann! Denkt mal drüber nach!!

Zumindest wäre dann die Frage, wann ich aus welchem Motiv einen Partner will, überflüssig. Und es würde meinen Punkt unterstützen, dass eine Beziehung aus rein egoistischen Gründen keine Option ist – auch wenn ich denke, dass ich mich dann weniger allein fühle. Sprecht mal mit anderen Paaren, da ist längst nicht alles so leicht, wie wir uns das manchmal vorstellen. Verheiratet auf dem Sofa zu sitzen, bedeutet nicht zwingend, dass einer der Ehepartner weniger einsam ist. Das sollten wir nicht vergessen!

Ach, und ich glaube, so ein Au-pair hätte noch mehr Vorteile: Man kann auch die Freizeit miteinander verbringen. Und wer weiß, was dann passieren würde? Vielleicht kann ich von ihm Portugiesisch lernen? Es muss also ein brasilianisches Au-pair sein, denn ich wollte schon immer brasilianisches Portugiesisch lernen! Gleichzeitig kann ich ihm Deutsch beibringen. Oder ihm helfen, sich in diesem Land zu Hause zu fühlen. Ich drehe mich also nicht mehr nur um mich selbst, sondern kann auch noch etwas für jemand anders tun. Was einen guten Nebeneffekt hat: Ich habe weniger Zeit, mich allein zu fühlen!

Allein sein zu müssen ist das Schwerste,
allein sein zu können das Schönste.

Hans Krailsheimer

Allein sein – packen wir's an!

Als Single den Alltag zu leben, das regelt jeder anders für sich. Die einen haben damit weniger Schwierigkeiten, andere leiden mehr darunter. Doch wie ist es wirklich, alleine zu leben, und nicht nur über mehrere Stunden, sondern auch über mehrere Tage tatsächlich ganz alleine zu sein?

In meinem Alltag stelle ich immer wieder fest, dass ich häufig ein hohes Tempo von mir fordere, damit ich möglichst viel unterwegs und beschäftigt bin. So bin ich abgelenkt und habe wenig Zeit, mich mit mir und meinen Gedanken oder Sorgen auseinanderzusetzen. Ich kümmere mich viel mehr um andere Menschen. Einer Freundin mit ihrem Baby helfen? Ist toll, macht Spaß und bringt den schönen Nebeneffekt, dass ich beschäftigt bin. Für andere einkaufen, ihnen zuhören, ihre Probleme lösen ist ebenfalls einfach. Denn dabei muss ich mich nicht um meine eigenen Gefühle kümmern.

Allerdings merke ich sehr oft, dass ich – wenn ich ins Auto steige, zum nächsten Ort hetze – das innere Gefühl verdränge, dass ich keine Kraft mehr habe. Während andere nach der Arbeit nach Hause gehen, die Füße hochlegen und sich vom Tag erholen, fahre ich ins Café, um mit einer Freundin einen Kaffee zu trinken, bevor ich noch einkaufen gehe, schnell die besagte Freundin mit Baby besuche, nur um am Ende noch einmal zu einem letzten Treffen für diesen Tag zu gehen.

Ich bin müde. Ich bin so was von müde. Aber ich gestehe mir diese Müdigkeit mit dem Wunsch nach Ruhe nicht ein.

Wer weiß, wie langweilig und öde und anstrengend das wird, mit mir alleine zu sein und meine Freizeit nur mit mir zu verbringen? Das Problem dabei ist, dass die Gedanken spätestens dann kommen, wenn ich im Bett liege und mir nichts mehr wünsche, als endlich zu schlafen. Das hat zur Folge, dass ich meist sehr spät einschlafe. Doch lerne ich daraus? Nicht wirklich. Meist verändere ich an meinem hohen Lebenstempo erst etwas, wenn ich merke, dass Körper und Seele überhaupt nicht mehr hinterherkommen.

Dieses Tempo macht den Alltag aber weder einfacher, noch macht es ihn qualitativ wertvoller. Im Gegenteil. Mahlzeiten zum Beispiel nehme ich nie am Tisch ein. Ich werde nervös, wenn ich mich an den Tisch setze, esse und in dieser Zeit nicht abgelenkt bin. Schlimmer noch, ich kann mir quasi selbst zusehen, wie ich alleine am Tisch esse. Das fühlt sich irgendwie schlecht an.

Einmal riet mir eine tolle Frau, meine Mahlzeit so zu gestalten, dass sie wirklich schön wird. Kerzen an, Serviette neben den Teller, das Wasser ins Weinglas und dann leise Musik an. Ganz ehrlich? So ein Candle-Light-Dinner für einen alleine ist noch viel schlimmer, als die Situation eh schon ist. Und da ich nicht ohne Ablenkung essen will, setze ich mich mit meinem Teller eben vor den Fernseher und schaue eine Serie.

Das mit dem Fernseher habe ich schon von so manchem Single gehört. Er ersetzt in vielen Haushalten die Unterhaltungen, die nicht stattfinden können. Selbstgespräche sind eben kein adäquater Ersatz. Um eine Geräuschquelle zu haben, läuft dann einfach der Fernseher. Klar, Radio ginge auch, aber da wird meistens nicht geredet. Und Musik ist irgendwie etwas anderes. Die Dialoge im Fernsehen, die Berieselung durch verschiedene Stimmen, füllen scheinbar die Leere, die in mir und der Wohnung herrscht. Ein Trugschluss. Stattdessen fülle ich mich und meinen Kopf, meine Seele mit dem größten Schwachsinn. Denn über die Hälfte der Dinge, die ich sehe, schaue ich nicht aus Überzeugung. Eine Dokumentation mit langweiligem Inhalt, eine Soap mit noch schlimmerem Inhalt, weil bedeutungslos und voller Intrigen, läuft dann eben doch. Denn sie sind scheinbar das kleinere Übel in dieser Situation.

Ich würde gerne lernen, meine Mahlzeiten alleine zu zelebrieren. Allerdings bedeutet das auch, dass ich häufiger koche. Und da sind wir bei der nächsten Herausforderung. Viele Alleinstehende wollen nicht oft für sich alleine kochen. Für einen allein lohnt es sich nicht, denken wir. Ich hasse Kochen. Aber wer weiß – vielleicht würde ich es mögen, wenn es für mich mehr Sinn machen würde?! Für mich alleine erscheint es mir wenig sinnvoll. Ich kaufe immer wieder Zutaten für tolle Gerichte und kann mich am Ende doch nicht aufraffen zu kochen. Eine halbe Stunde am Herd (Minimum!) in der Aussicht auf eine Mahlzeit alleine – vor dem Fernseher, meiner Hassliebe, oder am Tisch (noch schlimmer!), das steigert die Vorfreude so gar nicht.

Ich würde gerne lernen, für mich alleine zu kochen. Ich würde gerne lernen, die Mahlzeiten zu genießen und das Essen zu genießen – wenn es sein muss, auch mit einem Weinglas voller Wasser, um mir eine hübsche Atmosphäre zum Essen zu schaffen. Denn unter dem Strich ergibt sich ein viel größeres Problem als so eine Soap am frühen Abend: Nicht zu kochen, auf frische und gesunde Ernährung zu verzichten oder mich beim Fernsehen mit Essen zu versorgen, bedeutet, dass ich es mir nicht wert bin. Ich bin mir die halbe Stunde Kochen nicht wert. Selbst einen Salat zu zupfen, Gemüse zu schneiden und Rohkost zu genießen, bin ich mir oft nicht wert. Aber es muss doch möglich sein zu lernen, all das zu zelebrieren, ohne sich dabei selbst dämlich vorzukommen, oder? Ich muss irgendwie lernen, mir selbst wichtig genug zu sein, um am Ende auf mich zu achten, meinen Bedürfnissen nachzukommen.

Das gilt übrigens nicht nur für das Essen. Ich bin es mir häufig nämlich auch nicht wert, zur Ruhe zu kommen, mir selbst Ruhezeiten zu gönnen und mir einzugestehen, dass meine Kraft irgendwann am Ende ist. Anstatt immer wieder anderen Menschen zu helfen, und sie über alles andere zu stellen, müsste ich viel öfter auf das achten, was ich brauche. Das würde mir so manche Migräne am Abend, so manche schlaflose Nacht und so manchen Nervenzusammenbruch ersparen. Wer ist für mich da, wenn andere nicht können? Das sollte ich sein!

Meine Freizeit gut und sinnvoll zu gestalten und dabei auf mich achtzugeben, ist noch immer ein Prozess. Ich muss lernen, mich im Trubel des Alltags nicht aus den Augen zu verlieren. Und so nehme ich mir immer wieder bewusst Zeit. In dieser Zeit häkle ich etwas für mich, bemale Leinwände und streiche Holz an, um daraus Dekoration für meine Wohnung zu basteln. Diese Dinge sind für mich wie Meditation. Ich konzentriere mich auf mein Projekt, komme zur Ruhe, ohne dabei grübeln zu müssen. Und doch haben meine Gedanken in dieser Zeit die Möglichkeit zu kreisen. Von mir aus können sie dann aufpoppen wie Popcorn in der Pfanne. Lieber hier als nachts um halb zwei im Bett, in dem Wissen, dass in wenigen Stunden der Wecker wieder klingelt.

Die Balance zwischen aktivem Tun und Ruhen hab ich noch nicht ganz gefunden. Ich lote das noch immer aus. Aber ich weiß, dass es möglich ist. Übung macht den Meister, sagt man doch. Also übe ich weiter.

Vor einigen Monaten war ich für ein paar Wochen in der

Reha. Und da habe ich, was mich und das Alleinleben betrifft, vieles erkannt und gelernt. Zum Beispiel, dass meine Angst Schwachsinn ist, ich könnte zu viel allein sein und müsste mich dann allzu sehr mit mir selbst, meinen Gedanken und Gefühlen auseinandersetzen. Ich habe eine Art Experiment gemacht und festgestellt: Die Angst ist ein mieser Lügner. Es passiert gar nichts Schlimmes, wenn ich mit mir alleine bin. Weder kommen ungewollte Gedanken oder Gefühle hoch, noch bricht über mir alles zusammen!

Ich habe mich entschieden, mehr auf meine Seele zu hören. Das bedeutet, dass ich den Fernseher nicht mehr als ständige Geräuschkulisse laufen lasse. Ich dachte, das sei schwierig. Aber ehrlich gesagt hab ich mich irgendwann so abgestumpft und genervt von all den sinnlosen Sendungen und Filmen gefühlt, dass ich den Fernseher einfach mal aus gelassen habe. Mit Erfolg: Ich schaue nur noch die Filme und Serien, die ich wirklich sehen will. Was mich nervt, wird einfach ausgeschaltet. Ich lese stattdessen mehr – wobei ich nicht weiß, wie viel „noch mehr" überhaupt möglich ist. Ich liebe Bücher!! Egal, ich lasse diese ganzen unnötigen und dumpfen Reize nicht mehr so sehr zu. Das hat mir viel mehr Ruhe eingebracht. Ich esse manchmal mit dem Handy in der Hand. Aber das ist okay für mich. Denn manchmal esse ich auch einfach nur, ohne etwas anderes dabei zu machen. Da stresse ich mich nicht mehr mit.

Und die vielen Termine nach der Arbeit? Die habe ich deutlich reduziert. Ich habe mittlerweile vier freie Abende pro Woche. Und wenn ich etwas unternehme, dann mache ich das immer noch gerne. Nur meistens spontaner als zuvor. Manchmal fühle ich mich schon wie eine alte Oma, die immer daheim auf dem Sofa sitzt und häkelt. Denn genau das tue ich tatsächlich. Aber ich liebe es und es entspannt mich. Ich bin viel seltener überreizt, habe weniger häufig Migräne und schlafe grundsätzlich besser. Diese Formen der Veränderung haben sich also definitiv gelohnt.

Wenn ich mal nicht allein sein will, weil ich mich einsam fühle, dann habe ich auch hierfür einen Weg für mich gefunden.

Gestern zum Beispiel war so ein Tag. Ich kam von der Arbeit, vor mir ein langes Wochenende und mein Kopf voll mit neuem Input und Gedanken. Die wollte ich gern mit jemandem teilen. Einfach ein bisschen quatschen und hören, was jemand anderes darüber denkt. Also habe ich eine Freundin gefragt und wir sind abends etwas trinken gegangen. Keine große Sache – aber ich war nicht mehr einsam.

Manchmal schreibe ich auch einfach eine SMS oder telefoniere mit einer Freundin. Das engt den Kreis der potenziellen „Zeitteiler" nicht so sehr ein. Und nach einem Telefonat ist es mit der Einsamkeit meist schon weniger schlimm. Natürlich hat nicht immer jemand Zeit. Das wäre utopisch und manchmal wohl zu schön, um wahr zu sein. Und auch das muss ich lernen auszuhalten. Ich muss lernen, das Gefühl von Einsamkeit und Alleinsein zu fühlen und zu erleben, ohne danach in eine tiefe Depression zu stürzen. Das klappt mal besser und mal schlechter. Aber es ist ein Prozess und es ist wichtig, gnädig und barmherzig mit mir selbst zu sein. Ich darf diese Gefühle fühlen, das ist in Ordnung, ich werde nicht daran sterben und es geht vorüber. Punkt.

Ich glaube, ich bin nicht kompatibel

In den letzten Wochen habe ich ernsthaft überlegt, inwieweit ich überhaupt in der Lage bin, eine Beziehung zu einem Mann einzugehen. Ich glaube, ich bin nicht beziehungskompatibel! Ich habe mir das mit mir jetzt eine Weile angeguckt. Und ich fürchte, es gibt keinen Mann, mit dem ich mein Leben verbringen kann – einfach weil ich nicht kompatibel mit jemand anderem bin.

Woher ich das weiß? Jaja, schon klar: Jeder hat so seine Macken. Die einen lassen ihre Socken herumliegen, andere machen die Tür nicht zu, wenn sie auf dem Klo sind, oder wollen nachts das Licht im Flur anlassen, während die Tür einen Spalt aufbleiben muss. Ich sag mal so: Oberflächlich betrachtet habe ich gar nicht soooo viele Marotten. Aber die vorhandenen haben es halt in sich.

Wo wir schon bei Geständnissen sind, muss ich wohl die Karten offen auf den Tisch legen: Ich rede viel mit mir selbst. Nicht immer unbedingt nur mit mir – manchmal auch mit … meinem Auto. Mein altes Auto hieß Bosse. Ein treuer Gefährte, der mich an jeden Ort brachte, an den ich wollte. Manchmal brauchte er ein paar aufmunternde Worte und Streicheleinheiten auf dem Armaturenbrett, damit er über den nächsten Hügel auf der A3 kam. Kein Problem, ich hab ihn angefeuert, ihm zugeredet und ihn gelobt. Positive Verstärkung nennt man das in der Pädagogik.

Ich brauche wohl nicht zu erwähnen, dass es mir nach fünf

Jahren fast das Herz gebrochen hat, als er ohne Vorwarnung mitten zwischen Frankfurt und Montabaur den Geist aufgab. Er starb – einfach so. Ohne mich darauf vorzubereiten. Wir waren gerade auf der Rückfahrt aus dem Urlaub, und das war's.

Als ich einige Tage später zurück gen Hessen fuhr (wo ich ihn hatte stehen lassen müssen), um ihn auszuräumen und dem Schrotthändler zu übergeben – wirtschaftlicher Totalschaden –, hätte ich ihn am liebsten umarmt. Und eigentlich hätten wir auch mehr Zeit miteinander gebraucht. Eine Flasche Limo in der Hand und in Erinnerungen schwelgen. Das wäre super gewesen. Hab ich mich aber nicht getraut – mein Onkel hatte mich auf dieser letzten Reise zu Bosse nämlich begleitet.

Oscar, mein „Neuer", ist ein ganz anderes Auto. Mit Sitzheizung, beheizten Außenspiegeln, mehr Platz und mehr Komfort bin ich mit ihm auf ein anderes Level gestiegen. Eines Abends sind wir auf dem Weg zu meinem Onkel und meiner Tante. Von ihnen hab ich Oscar gekauft. Ich steige also ins Auto und sage: „Oscar, wehe, dich überfällt da drüben Wehmut. Wenn du dann lieber dableiben willst, kannst du gleich zu Hause bleiben!" Ich muss lachen. Ein bisschen bescheuert bin ich manchmal ja schon!

Als ich diese Begebenheit beim sonntäglichen Mittagessen am Esstisch meiner Eltern erzähle, schaut mein Papa mich verwirrt bis erstaunt-zweifelnd an. Mein Bruder hingegen grinst mir unverfroren ins Gesicht: „Ich war ja nicht dabei, aber jetzt, wo ich hier am Tisch sitze, muss ich sagen, dass ich mich echt fremdschäme!" Und wieder muss ich lachen – wieso ist es so absurd, mit seinem Auto zu reden? Ist doch quasi der einzige Mann in meinem Alltag. Oscar begleitet mich überall hin – da sollte man schon befreundet sein!

Einmal, in einem geistig umnachteten Moment, habe ich ihn aus Versehen „Bosse" genannt. Ich hoffe, er hat es nicht gehört. Als ich das meiner Freundin Hanna erzähle, sage ich: „Das hat mir so leid getan!! … Ja, ich höre mich selber reden, und ja, ich finde es auch merkwürdig!"

Wer jetzt denkt, dass es ihm ähnlich geht und dass es viel schlimmere Marotten gibt, den kann ich beruhigen: Ich bin noch nicht fertig! Denn ich rede auch daheim. Ich bin nicht eine von denen, die sich selbst erzählen, was sie gerade machen oder was als Nächstes ansteht. Ich stehe nicht vor der Spülmaschine und sage: „So, gleich nur noch das schmutzige Geschirr rein und dann kannst du aufs Sofa!" Ich bin ja nicht verrückt!!! Das wäre dann doch zu seltsam. Aber ich rede laut vor mich hin – und zwar auf Englisch. So peinlich das auch ist: Ich denke mir das nicht aus. Ich rede laut auf Englisch vor mich hin. Warum??? Ich habe KEINE Ahnung! Es ist mir erst vor ein paar Wochen wirklich bewusst geworden. Ich kommentiere mein Leben in einer Fremdsprache.

Mir ist in diesem Moment sehr wohl klar, dass dies Menschen lesen werden, die mir nahestehen und die danach möglicherweise überlegen werden, ob sie weiter mit mir befreundet bleiben sollen.

Was ich mit dieser Beichte deutlich machen will, ist: Egal wie wenig beziehungskompatibel du dich fühlst: Es gibt immer eine Lösung. Mir ist meine Lösung vor ein paar Tagen wie Schuppen von den Augen gefallen. Es ist nicht schlimm, dass ich mit mir selbst Englisch rede. Ich brauche einfach nur einen Partner, der nicht aus Deutschland kommt und mit dem unsere Beziehungssprache Englisch ist. Und schon ist das Ganze gar kein Problem mehr! Cool, oder?

Merke also: Wie schlimm deine Marotte auch sein mag, schlimmer geht immer! Du musst bloß deine eigene Lösung finden! Die Frage ist nur, wie meine Lösung für die Gespräche mit meinem Auto aussieht. Vielleicht kann ich im Falle einer Beziehung nur noch dann mit ihm reden, wenn wir alleine sind. Aber bis dahin ist ja noch Zeit. Das überlege ich mir, wenn es so weit ist.

Nachdem ich mir über all das im Klaren bin, kann ich meinen Alltag wieder beruhigter leben. Aber ich bin hellhörig geworden und betrachte mich und meine Marotten erstens genauer und zweitens barmherziger. Auch wenn ich manchmal nur noch den Kopf über mich schütteln kann.

Und so befinde ich mich einige Tage später auf dem Weg zur Gemeinde. Ein Team aus Spanien ist zu Besuch. „Och nö", denke ich, „jetzt muss ich mit denen Englisch reden. Dabei mach ich das doch zu Hause echt schon oft genug …"

Ein paar Vorteile,
Single zu sein

- ☐ Ausschlafen, wenn ich will
- ☐ Niemand isst meinen Joghurt weg.
- ☐ Ich kann meine freien Tage spontan so gestalten, wie ich gerade möchte.
- ☐ Keine müden und knatschigen Kinder, die ich ins Bett bringen muss
- ☐ Kein Kampf um die Fernbedienung
- ☐ Kein nörgelnder Beifahrer, der „besser" fahren kann als ich
- ☐ Kein Schnarchen und andere Geräusche, die meinen Schlaf stören
- ☐ _____

_____

ICH & DIE ANDEREN

Über Freundschaften, Pärchentypen
und doofe Sprüche

Warum Freundschaften wichtig sind

Ich habe viele Freunde. Bekannte, Freundinnen, enge Freundinnen und sogar Arbeitskolleginnen, die Freundinnen sind. Also „Kolldinnen". Verheiratet, unverheiratet, Mütter, Väter … und manche Freundinnen sind sogar zwanzig Jahre älter als ich.

Eine Arbeitskollegin hat mal zu mir gesagt: „Rebekka, wenn dein Leben ein Mindmap wäre, dann würde ich überall Namen von anderen Menschen sehen. Da sind nicht einfach nur deine Hobbys oder Termine – die sind alle mit Menschen verknüpft. Da steht in einer Wolke dann ‚Basteln mit Hanna', in der anderen steht ‚Sushi mit Carmen' und in der nächsten ‚Sport mit Claudi'. In meinem Mindmap dagegen würde einfach stehen: ‚MSV im Stadion ansehen', ‚Darts mit Kumpeln spielen' und ‚Bier in einer Kneipe trinken'!"

Als ich über ihre Worte nachdachte, stellte ich fest, dass sie das ziemlich gut getroffen hat. Nicht, dass ich nichts alleine machen würde – ich lese alleine, schreibe alleine Tagebuch und mache auch alleine Sport oder Musik oder gehe alleine spazieren. Aber in meinem Leben sind viele Menschen.

Meine Freundin Lisa sagt immer, dass sie bewundert, dass ich neben Beruf und Alltag so viel Kraft habe, in Freundschaften zu investieren. Aber eigentlich ist das nicht bewundernswert. Es geht nämlich auch darum, dass ich mehrere Freundinnen brauche, um ein Netzwerk zu haben, auf das ich zurückgreifen kann. Ich brauche deshalb mehr Freundinnen, weil ich dann im „Worst Case" immer jemanden habe und gleichzeitig nicht nur zwei Menschen für mich vereinnahme. Ist also zum Teil auch eine egoistische Motivation, damit ich am Ende nicht alleine dastehe, weil ein oder zwei Freundinnen gerade nicht „verfügbar" sind.

Ehrlich gesagt: Manchmal ist das mehr Kampf als reine liebevolle Investition in Menschen, weil es anstrengend ist und ich auch immer wieder das Gefühl habe, mehr zu geben, als ich bekomme. Wo das tatsächlich der Fall ist, tut es einer Freundschaft natürlich nicht gut. Aber meine Freundinnen geben ja auch in ihre anderen Beziehungen viel hinein. Vor allem die Freundinnen mit Ehemann und Kindern. Sie müssen weit mehr jonglieren als ich, um sich eine Stunde für einen gemeinsamen Kaffee freizuschaufeln. Dass sie weniger Kapazität für mich haben, ist logisch.

Ich bin wirklich dankbar für meine verheirateten Freundinnen. Und auch auf die Gefahr hin, dass ich jetzt undankbar erscheine: Trotzdem wünsche ich mir manchmal mehr Freundinnen, die Singles sind. Mit denen ich abends noch etwas trinken gehen könnte. Ohne dass sie mit den Hufen scharren, weil der Mann daheim auf sie wartet.

Ohne Partner ist es glaube ich noch wichtiger, in Freundschaften zu investieren. Jeder von uns braucht Gemeinschaft und andere Menschen in seinem Leben. Deshalb ist mir ein Netzwerk an Freunden so wichtig und wertvoll.

Zwei Freunde von mir haben mir als Jugendliche mal gesagt, dass ich mich auf ein oder zwei Leute beschränken soll, mit denen ich wirklich tief gehende Dinge bespreche, die mich beschäftigen. Heute merke ich, dass das nur bedingt gut ist oder nur teilweise stimmt. Ich muss meist mit mehreren Leuten teilen, damit ich niemanden einenge.

Dabei ist mir auch immer wichtig, dass ich nicht eine von

denen bin, die keine Grenzen kennt und wahrt. Und ich möchte auch nicht eine von denen sein, die sofort losredet, ohne zu fragen, wie es meinem Gegenüber geht, und ohne die Bedürfnisse der anderen wahrzunehmen.

Damit ich auch meine verheirateten Mama-Freundinnen regelmäßig sehen kann, haben wir uns übrigens eine ganz eigene und auch realistische Lösung überlegt. Da sie abends oft daheim gebraucht werden und uns diese Treffen zu spät sind (ja, ich bin noch keine 30, aber alles nach 20 Uhr ist auch für mich schönheitsschlafuntauglich!), haben wir uns einen wöchentlichen Termin auf einen Vormittag gelegt. Seit einiger Zeit gehen wir zu zweit bzw. zu dritt in eines unserer Stammcafés und frühstücken gemeinsam. Wir tauschen uns über unseren Alltag und die Arbeit aus, erzählen, was wir mit Jesus erleben, und genießen einfach Zeit als Freundinnen zusammen. An diesem einen Tag in der Woche fangen wir später an zu arbeiten (so etwas zu regeln ist gar nicht so schwer!) und starten gemeinsam in den Tag. Das ist total schön! Und danach machen wir uns auf zur Arbeit, zu Terminen oder was sonst noch so auf der Liste für den jeweiligen Tag steht.

Nach solchen Herzensmomenten fahre ich immer ein bisschen aufgetankter und fröhlicher zur Arbeit. Zeit mit Freundinnen ist wertvoll! Da bleibt das Smartphone in der Handtasche, auch wenn es nicht immer leichtfällt (mir vor allem, ich geb es ja zu!). Seit wir diese Lösung für unsere Freundinnenzeit gefunden haben, treffen wir uns viel regelmäßiger. Und noch einen Vorteil hat das Ganze: Ich muss mich abends nicht mehr aufraffen, noch mal aus dem Haus zu gehen, oder warten, bis alle Kinder meiner Freundinnen im Bett sind!

Manchmal braucht es also lediglich einfache kreative Ideen, um mehr Zeit für Freundschaften in den Alltag zu integrieren – gerade wenn die Freundinnen gleichzeitig Mamis sind.

Klar, viele Freunde zu haben, erhöht die Anzahl derer, die Erwartungen an mich stellen, und somit auch die Herausforderung, Grenzen zu setzen und Nein zu sagen. (Wobei ich diesen Druck in Bezug auf meine guten Freundinnen nicht verspüre, was toll ist, weil es zeigt, wie toll SIE sind!) Genauso gilt: Ich will weder zu hohe Erwartungen an mein Gegenüber haben, noch möchte ich, dass eine Freundschaft einseitig ist.

Meine Erkenntnis ist also: Freundschaften zu leben ist manchmal gar nicht so leicht. Aber der Einsatz lohnt sich! Freunde sind einfach was Tolles. Ich brauche sie! Nicht nur ein oder zwei Freundinnen zu haben, hilft übrigens auch, das Frustpotenzial zu verringern. Denn wenn eine oder zwei nicht können, bedeutet das nicht automatisch, dass die dritte das Telefon ebenfalls aus hat. Und trotzdem: Manchmal hat keiner Zeit. Ich bleibe alleine, auch wenn ich gern mit jemandem reden möchte. Dann gilt es, das auszuhalten und zu lernen, damit zu leben. Und es gesund zu kompensieren.

Aber meine Arbeitskollegin hat recht: Mein Mindmap ist mit Menschen und viel Leben gefüllt. Und das liebe ich!!!

Da waren's nur noch drei

Eine meiner besten Freundinnen ist seit einiger Zeit nicht mehr Single. Jap – die nächste ist fast unter die Haube gekommen. Und er ist toll!!!

Letzte Woche waren wir Sushi essen (also, meine Freundin und ich) und aus einer spontanen Laune heraus sind wir anschließend den Weg die Fußgängerzone runter gelaufen bis zum nächsten Nagelstudio. Warum nicht einfach mal eine Maniküre machen lassen?? Wir gehen also in den Laden und sie sucht sich eine Farbe für ihre Nägel aus. Ehrlich gesagt hatte ich an diesem Tag die bessere Entscheidung getroffen: Pediküre. Ich saß in einem bequemen Sessel mit Massagefunktion und habe die Zeit absolut genossen.

Als wir später am Abend aus dem Studio kommen, ist sie hellauf begeistert. „Sollte er dir im Urlaub wirklich einen Antrag machen, hast du immerhin schöne Nägel für ein Foto mit Ring!", hab ich zu ihr gesagt. Ich bin ja ein Schlaufuchs, ich denke mit!!

Nur wenige Tage später erhalte ich eine Nachricht aus dem Urlaub. Sie schickt mir ein Bild mit dem Ring am Finger. Und ich flippe aus! Eine meiner besten Freundinnen wird heiraten. Mein Herz schlägt schneller, im Kopf kreisen die Gedanken. Ich würde den Moment am liebsten festhalten. Immerhin verlobt man sich in der Regel nur einmal im Leben. Und vom Traummann die Frage aller Fragen gestellt zu bekommen, ist sicher ein toller Moment. Das Ganze ist auch für mich total aufregend!

Ich sehe mich schon vor meinem inneren Auge auf der Hochzeit einen Toast auf die beiden ausbringen. Und dann erzähle ich von dem Moment, in dem ich gehört habe, dass sie sich verlobt haben. Sie wird ein paar Tränen verdrücken und dankbar sein, eine Freundin wie mich zu haben.

Diese wunderschöne Geschichte hat nur einen kleinen Haken. Mein erster Gedanke beim Blick auf das Foto war nämlich dieser hier: „Und wieder eine unverheiratete Freundin weniger!" Dann habe ich theatralisch geseufzt.

Das klingt unglaublich egoistisch. Und gemein. Aber vielleicht hilft es, wenn ich sage, dass ich mich im nächsten Moment sehr für sie gefreut habe?!

Ich freue mich. Wirklich! Dieses Phänomen kenne ich schon von früheren Verlobungen und Hochzeiten meiner Freundinnen. Deshalb war ich dieses Mal vorbereitet. Ich freue mich für jede von ihnen. Vor allem wenn sie glücklich sind. Was will ich mehr? Und doch bleibt da dieser kleine ichbezogene Teil in mir, der sich für einen Moment nach außen drängt. Wieder eine Freundin, die in eine neue Lebenswelt eintaucht. Eine Sache weniger, die wir gemeinsam haben.

Eine Ehe macht die Beziehung verbindlicher – verbindlicher geht es nicht! Das bedeutet, dass sich der Radius des Paares erst mal verkleinert. Man will sich noch besser kennenlernen und nach der Hochzeit muss sich erst mal alles einspielen. Aus einem Leben allein wird ein gemeinsames, das Zeit und Pflege braucht. Die logische Konsequenz dessen ist, dass sich die beiden einigeln, sich jetzt ganz auf sich konzentrieren. Was total wichtig und gut ist. Aber blöd für mich. Denn bald hab ich eine Freundin mehr, die sich abends nicht mehr spontan vom Sofa erheben will, um mit mir noch was trinken oder ins Kino zu gehen. Auf dem Sofa sitzt nämlich schon einer. Und so entsteht schnell das Gefühl von „alleine sein". Wieder eine Freundin mehr, die ich mit ihrem Mann teilen muss.

Ich hoffe inständig, dass ich mit diesem Geständnis nicht alleine auf der Welt bin. Dann würde ich mir ernsthaft Gedanken machen! Vielleicht ist es auch gar nicht so absurd, sondern ein ganz normaler Lauf der Dinge. Wie ein Trauerprozess, in dem ich mich von der Ungebundenheit meiner Freundin verabschieden muss.

Vielleicht aber, und das ist durchaus möglich, meldet sich da auch leise die Stimme der Angst. Ich hab in meinem Leben ein paar Freundinnen mit ihrer Hochzeit verloren. Das ist wirklich kurios. Da ist man lange gut befreundet und teilt ein Stück vom Leben miteinander. Und dann kommt der Tag der Hochzeit und von nun an ward das Paar nicht mehr gesehen. Einfach weg. Ich weiß nicht, was das zu bedeuten hat. Ob der Kampf um die Fernbedienung und die Bettseite in der gemeinsamen Wohnung so lange dauert? Ob die vielleicht gar nicht mehr aus dem Bett kommen? Aber die müssen doch auch mal arbeiten gehen! Das scheint zu klappen. Ansonsten sind sie jedoch weg. Zu einem gewissen Grad kann ich das alles nachvollziehen.

Wenn die Funkstille allerdings zu lange dauert, ist es manchmal schwierig, den Kontakt wieder aufzunehmen. Also, liebe Verheiratete, seid euch bewusst: Wenn die erste intensive Phase eurer Ehe vorbei ist, ist auch unser Leben weitergegangen. Wir haben neue Freundschaften geknüpft oder vertieft, tolle Hobbys angefangen oder ein umfangreiches Ehrenamt übernommen. Nein, wir warten leider nicht endlos darauf, wieder in euer Leben zu passen …

An dieser Stelle ist noch zu erwähnen: Dass Freunde plötzlich abtauchen und weg sind, gilt bei Weitem nicht für jedes Brautpaar und auch nicht für jede Freundschaft. Aber die

Wahrscheinlichkeit ist doch relativ hoch. Und vielleicht ist das der Grund, weshalb ich erst mal in leichte Panik verfalle, wenn „wieder eine geht".

Übrigens finde ich, dass es bei einer guten Freundschaft unwichtig sein sollte, wie sehr die Umstände sich ändern. Das muss nicht immer eine Hochzeit sein – auch ein Jobwechsel, ein Umzug oder die Gründung einer Familie bedeuten große Veränderungen. Klar, dass sich das auch auf Freundschaften auswirkt. Und gerade deshalb ist es so wichtig, im Gespräch zu bleiben. Es kann sich lohnen, um Freundschaften zu kämpfen. Dafür müssen wir allerdings ehrlich miteinander umgehen und jeder muss bereit sein, seinen Teil dazu beizutragen. Das ist nicht immer leicht, aber alle Mühe wert!!

Es gibt viele Momente, in denen eine gute Freundin wichtig ist und der Ehemann nichts ausrichten kann. Single-Freundinnen sind zum Beispiel bei Hochzeiten besonders praktisch: Denn wir sind es, die euch zur Toilette begleiten und euch mit dem Kleid helfen können!! Wir haben nämlich den Vorteil, nicht auf Kinder aufpassen zu müssen. Und so sind es vielleicht gerade diese Erlebnisse, die uns nach einer Hochzeit noch enger zusammenschweißen.

Bleibt die Frage, was ich nun in ein paar Monaten bei der Hochzeit meiner Freundin machen werde. Ich könnte erzählen, dass ich die Erste war, der sie von der Verlobung erzählt hat. Was wirklich wahr ist! Aber dann müsste ich auch erwähnen, dass ich die Nachricht stundenlang nicht gelesen habe, weil ich einen Mittagsschlaf gemacht habe. Was leider auch wirklich wahr ist.

Freunde richten uns wieder auf,
wenn wir gefallen sind;
und wenn sie uns nicht aufrichten können,
dann kommen sie zu uns herunter
und hören einfach zu.

Unbekannt

Beziehungstypen

Mittlerweile bin ich in meinem Freundes- und Bekanntenkreis einer der letzten Singles. Eine seltene Kreatur sozusagen. Manche sind gerade erst verheiratet, andere schon alte Ehepaare – im wahrsten Sinne des Wortes.

Wenn man so wie ich alleine unterwegs ist, bleibt einem viel Zeit, Paare zu beobachten. Ich würde es nicht gleich ein Forschungsprojekt nennen. Aber ein paar Dinge sind halt doch auffällig. So bin ich zu folgender Erkenntnis gekommen: Es gibt im Grunde genommen drei Sorten von Paaren. Und weil ich gerne zur Aufklärung in diesem Bereich beitrage und Unwissenden helfe, hier meine Ergebnisse:

Paar Nummer 1

Die erste Sorte von Paaren sind die, die man als solches gar nicht wahrnimmt. Sie kommen gemeinsam rein, als wären sie zufällig vor der Tür aufeinandergestoßen oder mit demselben Bus gekommen. Wenn sie sich dann gemeinsam im selben Raum befinden, kämen Außenstehende gar nicht auf die Idee, dass sie ein Paar sind. Und selbst als nahestehende Freundin fragt man alle paar Wochen inmitten einer Party: „Ist alles okay mit euch? Ihr seid aber noch zusammen, oder?!"

Paar Nummer 2

Der zweite Paartyp ist als solcher erkennbar. Angehörige dieser Spezies stehen in Gesprächen und Gruppen gern neben ihrem Herzblatt. Sie halten Händchen, und wenn sie jemanden treffen, legen sie stolz den Arm um den Partner und sagen: „Darf ich vorstellen? Das ist mein Freund Gustav!" Oder sie sagen: „Ich würde dir gern wen vorstellen: die Frau an meiner Seite, meine Freundin Anna!" Sie zeigen sich gern gemeinsam und sind sehr aufmerksam ihrer besseren Hälfte gegenüber, ohne ihre Gesprächspartner zu vernachlässigen. Wie man sieht: Hier wird offen (und sozialtauglich!) mit Gefühlen und dem Beziehungsstatus umgegangen. Allerdings nicht ganz so offen wie bei Typ 3!!!

Paar Nummer 3

Dieser Typ Paar schlägt alle anderen Paare um Längen. Hier wird gekuschelt, gekichert und geknutscht, bis irgendwer ruft: „Geht das auch woanders?" (Wenn ich im selben Raum bin, bin meist ich es, die das ruft!) Die Turteltäubchen schauen dann kurz auf, als erwachten sie gerade aus einer Trance, glucksen und Sekunden später wird man wieder unfreiwillig Zeuge ihrer körperlichen Liebesbekundungen. Ich bin mir nicht ganz sicher, warum sie so viel Wert auf Zuschauer legen, aber ich kann darauf definitiv verzichten.

Ich war mal auf einer Party. Die Dekoration war toll (an solche wichtigen Dinge erinnere ich mich immer sofort!) und auch sonst war es schön dort. Überall waren kleine Sitzecken im Raum verteilt, sodass man gemütlich mit anderen was vom Büfett essen und die Musik genießen oder sich unterhalten konnte. In einer Ecke stand ein großes rotes Sofa. Ja, es war wirklich rot, kein Scherz! Auf dem Sofa hatte es sich ein Pärchen gemütlich gemacht. Ich weiß nicht, ob es ein Wort für „halb sitzen und halb liegen" gibt, aber sie lagen mehr, als dass sie saßen.

Im Laufe des Abends schielten meine Tischgruppe und

ich immer mal wieder zu ihnen rüber. Ich konnte nicht fassen, dass sie inmitten dieses gemeinschaftlichen Events dort lümmelten und den ganzen Abend kuschelten und knutschten.

Wenn ich auf eine Party gehe, dann doch weil ich Freunde treffen und neue Leute kennenlernen oder vielleicht auch einfach nur leckeres Grillfleisch genießen will. Deshalb kann ich Paar Nummer 3 noch nicht so ganz verstehen. Ich verstehe nicht, warum Körperkontakt in solchen Momenten so viel wichtiger ist als beispielsweise Zusammensein mit Freunden. Man kann doch beides haben?! Das eine daheim, das andere, wenn man unterwegs ist. Klingt doch gar nicht so kompliziert, oder? Apropos kompliziert ...

Paar Nummer 3.1

Hierbei handelt es sich um eine Unterkategorie von Paar Nummer 3. Bei ihnen muss es nicht unbedingt die körperliche Komponente sein, die ihre Symbiose ausdrückt. Vielmehr ist es ihre Art zu sprechen. Da fragst du den Partner einer Bekannten: „Hast du den Nudelsalat mit den Oliven probiert? Der ist echt gut!" Woraufhin die Bekannte antwortet: „Nein, Nudelsalat mögen wir nicht!"

Als mir das zum ersten Mal passiert ist, habe ich ihren Freund verwirrt und ein wenig mitleidig angesehen. Ist er taub? Oder stottert er und traut sich nicht zu sprechen? Dann aber häuften sich diese Situationen und ich erkannte ein Muster darin.

Das lässt sich übrigens noch steigern! Auf die Spitze brachte es dieser hier: Im Hintergrund lief Musik, überall saßen und standen Menschen in kleinen Gruppen herum und unterhielten sich. Ich will sagen: Es war ein Samstagabend, es war eine ganz normale Party! Ein Freund schlug einem Pärchen vor: „Wir gehen morgen brunchen. Kommt doch auch mit, wenn ihr Lust habt?!" Daraufhin antwortete er: „Das ist schlecht. Wir haben noch immer fast täglich die Morgenübelkeit. Ich weiß, nach den ersten drei Monaten soll das eigentlich vorbei sein. Aber bei uns ist das leider nicht so."

Ich fing an zu lachen … aber auch nur so lange, bis ich in sein Gesicht sah und erkannte, dass das sein bitterer Ernst war.

Mein Tipp: An dieser Stelle darauf hinzuweisen, dass er nicht schwanger ist und morgens sicher etwas essen kann, ohne sich übergeben zu müssen, bringt gar nichts! Obwohl: Sicher ist sicher. Vielleicht bin ich auch die Doofe und Morgenübelkeit in der Schwangerschaft ist ansteckend? Ich hab das alles schon erlebt – also nicht, dass es ansteckend war, sondern dass die Paare eine solche Einheit bilden, dass sie anscheinend nur noch für sich gemeinsam und nicht mehr jeder für sich sprechen können.

Da sind Ehepaare, bei denen die Frau aufgrund ihrer Schwangerschaft nicht mehr in den Hauskreis kann – neu aufgetretene Allergien. Das ist natürlich blöd! Wirklich! Verwirrend finde ich allerdings, dass er auch nicht mehr kommt. Wahrscheinlich wünscht sie sich, er würde hingehen, damit sie einen freien Abend hat, und er denkt, die Allergien, die durch die Schwangerschaft begünstigt werden, seien ansteckend. Besser also, er geht kein Risiko ein und bleibt daheim!

Früher, wenn eine Großtante meinen Bruder fragte, ob er denn heute schon ein Bonbon gegessen habe, und ich für ihn geantwortet habe, hieß es: „Rebekka, ich habe mit deinem Bruder gesprochen. Er kann selbst antworten!" Dabei wollte ich nur sichergehen, dass er nicht viel mehr isst als wir anderen Kinder und sich noch den Magen verdirbt. (Okay, ich geb's zu: Ich hatte Angst, er könnte mehr Bonbons bekommen als wir.) Aber: Ich habe gelernt, nicht für andere zu antworten. Das können die selbst.

Paar Nummer 3.1 hingegen verlernt das nach der Hochzeit. Das ist wie ein Schalter im Hirn, der dann hakt. Das muss offenbar so sein. Aber: Lasst euch nicht verwirren. Es kann gut sein, dass euer bester Freund immer noch am liebsten Bier trinkt – auch wenn seine Freundin behauptet, dass sie beide am liebsten Weißwein trinken. Lasst euch nicht verunsichern: einfach dranbleiben, und wenn sie auf der Toilette ist, nachfragen, ob er nicht doch lieber ein kühles Bier trinken möchte! Nicht immer hält dieser Symbiose-Effekt an, wenn beide Partner an unterschiedlichen Orten sind. Aber das kommt wohl auf den Härtegrad an.

Zu erwähnen wäre an dieser Stelle noch, dass es in jedem Fall kleine Nuancen und Unterschiede zwischen diesen drei Typen gibt. Zum Beispiel den Typen, der vor den eigenen Eltern zurückhaltend und konservativ ist, bei den Schwiegereltern die Hand jedoch nicht vom Oberschenkel ihrer Tochter nehmen kann. Aber diesen Typ lassen wir mal außen vor.

Sicherlich können wir uns darauf einigen, dass Typ 3 die wohl unangenehmste Sorte Paar ist, es sei denn, man steht auf diese körperlichen Shows. Wobei ich, und das sage ich nur ungern, Paar Nummer 3.1 noch anstrengender finde als die, die inmitten einer Party halb auf dem Sofa liegen. Ich könnte ja immerhin eine Decke auf sie werfen und schon habe ich die Situation unauffällig und charmant für alle Beteiligten und Umstehenden gelöst.

Bei auf den Ehemann übergesprungener Morgenübelkeit in der Schwangerschaft weiß ich allerdings auch noch keinen Rat.

Geheimnisse des Paarverhaltens im Gottesdienst

Jetzt könnte man schnell auf den Gedanken kommen, dass solche Pärchentypen nur auf Partys oder anderen gemeinschaftlichen Events unter Freunden und Bekannten auftauchen. Da muss ich euch direkt auf den Boden der Tatsachen zurückholen. Denn auch in der Gemeinde gibt es ähnliche Pärchentypen. Kennt ihr die?

Es ist Sonntag. Ich steuere gerade auf meine Lieblingsreihe zu (die letzte, da fühle ich mich unbeobachtet und frei zu singen, zu tanzen, sitzen zu bleiben, aufzustehen – eben zu tun, wonach mir ist), als mich ein befreundetes Pärchen fragt, ob wir zusammen irgendwo sitzen wollen. Klar, sind ja meine Freunde, denke ich.

Wir setzen uns, der Gottesdienst beginnt und damit auch das Spektakel neben mir. Sobald die Band von der Bühne gegangen ist und der Pastor ein Gebet spricht, greift der Mann nach der Hand seiner Liebsten. Bei der Predigt streichelt er ihr Knie, geht über zum Oberschenkel (klar, ist naheliegend) und geht dann wieder zurück zum Knie. Bei jedem Gebet greift er erneut ihre Hand und ihre Hände spielen miteinander (doch, ich hab sonst eigentlich immer die Augen zu beim Beten, ehrlich!).

Ich verstehe das nicht! Was ist bei der Predigt so wichtig, dass der Oberschenkel des anderen gestreichelt werden muss?

Ich habe den Sinn dieses Prozesses irgendwie noch nicht verstanden. „Und 40 lange Jahre wanderte das Volk Israel durch die Wüste!" – Zack, wieder der Oberschenkel. „Und während Mose auf den Berg ging …" – wieder das Knie. Vielleicht ist das ein Reflex, der auftritt, sobald es um Wandern im Allgemeinen geht? Das kann nicht sein, ich habe dieses Phänomen an verschiedenen Stellen beobachtet und festgestellt: Auch wenn aus der Offenbarung vorgelesen wird, halten Paare Händchen – vielleicht weil die Spannung steigt?!

Nicht nur meine Freunde verfallen diesem Phänomen. Leider – oder zum Glück, das kann man sehen, wie man will. Zwei Reihen vor mir sitzt ein Ehepaar in den besten Jahren. In der Mitte der Predigt beugt sich der Mann nach vorne, stützt die Ellbogen auf die Knie und nimmt eine Pose ein, von der man meinen könnte, es handle sich um demütiges Gebet – Hände gefaltet, Kopf gesenkt. Er hat keine zwei Sekunden seine Sitzposition verändert, da schnellt ihre Hand auf den Rücken und beginnt ihn in quälender Langsamkeit zu streicheln und zu kraulen. Einmal über den Rücken, hoch zum Nacken, durch den Haaransatz ganz hinten und wieder zurück.

Jetzt mal ehrlich, Leute – was soll das? Wieso ist die Gemeinde ein Ort, an dem so viel Zweisamkeit passiert? Also, ich meine, muss denn der Gottesdienst dafür herhalten? Wenn ich den Pastor vorne anschaue und seiner Predigt folgen will, fällt mir das manchmal eher schwer, wenn neben, vor und um mich herum alle anfangen, sich zu streicheln und zu kraulen! Es ist toll zu erleben, wie sehr ihr euch liebt. Aber ich will das 1. gar nicht sehen und 2. lenkt es mich ab. Es lenkt mich ab, weil es irgendwie das Bild stört! Es ist seltsam … und deshalb auch komisch für mich.

An dieser Stelle mag manch einer denken, dass ich übertreibe. Und vielleicht überspitze ich das Geschehene auch ein wenig, um deutlich zu machen, was ich da beobachte. Ich muss selbst lachen – ich bin humorvoll empört (wenn man diesen Ausdruck erfinden möchte, dann jetzt!). Doch was tun? Als Single einfach mal husten und rufen: „Entschuldigung, nehmt bitte eure Hände weg, die Predigt läuft noch!" Irgendwie auch keine Lösung, wenn im Gottesdienst dauernd jemand dazwischenruft.

Ich versuche dieses Phänomen schon länger zu ergründen, will herausfinden, was da vor sich geht, aber auch, was dabei in mir vor sich geht. Ich habe wirklich darüber nachgedacht. Was ist es, das mich daran stört? Ja, es lenkt mich ab. Es irritiert mich. Aber gleichzeitig fühle ich mich ausgeschlossen. Das Paar neben mir ist eindeutig eine Einheit, zu der ich nicht gehöre. Ich will nicht dazugehören und mitmischen, versteht das bitte nicht falsch!! Ich will mit keinem der Partner tauschen! Ich will aber auch nicht wie das blöde Entlein danebensitzen.

An dieser Stelle lässt sich das aus der Gemeinde übrigens auf andere Lebensbereiche übertragen. Denn Selbiges gilt auch für einen Fußballabend. Wenn ich ein befreundetes Paar zum Fußballschauen einlade, dann möchte ich das Spiel gemeinsam mit meinen Freunden schauen. Nicht gemeinsam mit dem Paar, sondern mit ihm und ihr als meinen Freunden. Ich lade sie ein, zu mir zu kommen, um mit mir Gemeinschaft zu haben, zu reden und Spaß zu haben. Ich lade sie nicht ein, damit sie wie eine ineinandergeschlungene Mauer neben mir auf dem Sofa sitzen und mir signalisieren, dass sie zusammengehören und ich nicht dazugehöre. Denn dann will ich das Fußballspiel lieber allein schauen.

Übrigens glaube ich, dass das mit ein Grund ist, weshalb ich zu meinem Geburtstag in den letzten Jahren nur Frauen eingeladen habe. An dem Tag, an dem ich mein Leben feiere, möchte ich das so tun, wie ich mich wohlfühle. Ich möchte ihn mit meinen Freundinnen feiern und nicht mit fünf Paaren, die mir wie eine Wand gegenübersitzen, während sie sich einen Strohhalm für ihr Getränk teilen, und ich peinlich berührt an meinem Cocktail schlürfe.

Liebe Paare, liebe Paar-Freunde, liebe Kuschelpärchen: Ich habe euch lieb, das könnt ihr mir glauben. Und ich freue mich über und mit euch. Ich wollte das nur mal verdeutlichen, damit ihr wisst: Uns Singles fällt das auf. Und nicht etwa, weil wir euch euer Glück nicht gönnen, sondern weil es mehr ablenkt und ausschließt, als es hilfreich ist.

Die Frage ist nur: Wie viel Rücksicht darf ich erwarten? Wie sieht ein respektvoller Umgang aus – egal ob auf Partys, im Gottesdienst oder beim Fußballabend? Eins ist klar: Ihr sollt nicht alle zu Paartyp 1 werden, den ich schon beschrieben habe. Denn ganz gesund sieht das für mich auch nicht aus. Aber so wie Paar 2 wäre nett, höchstens ein 2 bis 3. Aber mehr ist echt nicht drin. Sorry!

Schweigen ist Gold …

Liebe Paare! Hier ein paar Kommentare, die ihr euch gegenüber uns Singles lieber sparen solltet:

☐ Du musst nur mehr beten, dann kommt schon der Richtige!

☐ Vielleicht willst du es einfach nicht genug und hast deshalb noch keinen Partner.

☐ Du darfst es nicht erzwingen. Wenn du aufhörst zu suchen, wird er von alleine kommen!

☐ Vielleicht müssen in dir erst noch Dinge heilen, damit du heiraten darfst.

☐ Du gehst in die falsche Gemeinde; eine andere Gemeinde mit dem richtigen Glauben schenkt dir einen Mann.

☐ Deine Ansprüche sind zu hoch! (Am besten sind dann die, die nach deinem Date mit einem Mann, der nicht ihrer Wahl entsprechen würde, sagen: „Ja, aber du musst dich jetzt nicht unter Wert verkaufen!")

☐ Selber schuld, musst eben mehr weggehen oder dich bei einer Singlebörse anmelden.

☐ Ach, sei doch froh, dass du Single bist. Eine Ehe ist auch kein Zuckerschlecken.

☐ _____

_____

_____

ICH ON TOUR

Über Partys, Monster
und andere fragwürdige Vergnügungen

Popcorn, Pool und Törtchen

Wenn es um die Freizeitgestaltung geht, unterscheide ich in meinem Kopf heimlich nach Dingen, die sich super alleine machen lassen, und solchen, für die Gesellschaft nötig ist. Ich brauche beispielsweise keine Hilfe beim Lesen und auch keine Gesellschaft, wenn ich mein Work-out daheim mache. Gerade Letzteres absolviere ich am liebsten mit halb heruntergelassenem Rollladen – nicht dass einer der Nachbarn von gegenüber aus Versehen mal rüberschaut und den Schock seines Lebens bekommt. Ich gucke beim Sport schließlich auch nicht ohne Grund am Spiegel vorbei! Wobei, danach ist es meist ganz lustig, denn dann sehe ich aus wie ein Panda. (Tipp am Rande: Wer sich vor dem Sport schon abschminkt, verpasst den besten Teil!!)

Dann gibt es Aktivitäten, bei denen Gesellschaft wesentlich wichtiger ist, wenn nicht gar unbedingt notwendig. Badminton gehört zum Beispiel dazu. Wollte ich von einer Seite auf die andere rennen, um meinen eigenen Ball zu treffen, könnte ich das gleich als neue Sportart anmelden und bei den Olympischen Spielen mitmachen!

Und dann wäre da noch Kategorie drei, die liegt irgendwo dazwischen. Denn Kino, Freibad und Co. lassen sich alleine machen, auch wenn das nicht die tollste Lösung ist. Mal ehrlich: Wer will schon alleine ins Kino???

Wobei der Film an sich dabei noch der entspannteste Teil des Ganzen ist. Denn dann ist es im Kinosaal dunkel und alle starren auf die Leinwand. Da sieht kein Mensch, dass ich ohne Begleitung da bin – und interessieren tut es auch niemanden! Die Zeit davor und die danach, die sind die eigentlich unangenehmen. Denn eine Karte nur für mich zu kaufen, kommt mir vor wie etwas, das sich so nicht gehört. Wurde das Kino nicht erfunden, damit man GEMEINSAM einen Film schauen kann? Würde ich alleine einen Film gucken wollen, müsste ich abends nur den Fernseher anschalten. Vielleicht fühlt es sich deshalb fast schon verboten an, alleine ins Kino zu gehen.

Ein Beispiel: Kennst du das Gefühl, in einen Supermarkt zu gehen, nichts zu kaufen und sich dann am Ende an der Kassenschlange vorbeizudrücken? Dabei versucht man immer, möglichst wenig kriminell auszusehen. Denn wer nichts kauft, könnte sich die Sachen ja einfach in die Taschen gesteckt haben, oder? Zumindest mir geht das so. Ich versuche also, vollkommen seriös zu erscheinen und möglichst würdevoll an den Wartenden vorbeizugehen. Durch die Tür, nichts piept und schon hab ich bewiesen, dass ich nicht nur seriös aussehen kann, sondern tatsächlich nicht kriminell bin!

So ähnlich fühlt es sich an, wenn ich alleine ins Kino gehe. An der Kasse warte ich darauf, dass der Verkäufer mir das Ticket und eine kleine Tüte Popcorn gibt. Dabei schaue ich mich unauffällig um und versuche, den Umstehenden mit meinen Augen zu sagen: „Ich hab Freunde. Ehrlich! Ich bin kein schlechter Mensch. Die haben nur alle keine Zeit. Ganz schlechtes Timing heute!! Ich bin wirklich nett und absolut sozialisiert!"

Ähnliches empfinde ich, wenn ich alleine ins Freibad gehe. Überall fröhliche Familien, Freundinnen, Kumpels – alle auf der Suche nach Abkühlung. Das haben wir also gemeinsam. Wieso also fühlt es sich so unnatürlich an, wenn ich ohne Begleitung ins Wasser gehe?

Ich glaube, das liegt daran, dass wir denken, in Begleitung weniger aufzufallen. Wir sind beschäftigt, die Welt sieht, dass wir Freunde haben und weder stinken noch unfreundlich sind. Wenn wir stattdessen alleine im Kino sitzen oder uns im Pool treiben lassen, dann scheinen wir wie ein Magnet mit lauter Sirene alle Aufmerksamkeit auf uns zu ziehen. Wäre das ein Film, würde ich in Großaufnahme auf dem Bildschirm erscheinen und im Hintergrund würden sie eine traurige Version von „Allein allein, allein allein" spielen.

Das Problem ist: Wenn ich immer nur ins Kino oder Freibad gehen würde, wenn einer meiner Freunde Zeit hat, würde ich so manchen Film und die ein oder andere Abkühlung verpassen! Denn meine Freundinnen bringen abends ihre Kinder ins Bett oder sind anderweitig verplant – ganz beliebt sind Tupper-Partys oder Eventkochen mit dem Thermomix! Also habe ich für mich irgendwann entschieden, nicht zu verzichten, nur weil ich das alleine machen muss.

Ich mach's – und zwar trotzdem! Ich gehe ins Kino, obwohl ich mich vor und nach dem Film unwohl fühle. Ich gehe ins Freibad und trödle Richtung kühles Nass, obwohl ich das Gefühl habe, alle Blicke auf mich zu ziehen. Dabei ist mir das, was andere denken, leider nicht so egal, wie ich es mir gern einreden würde. Der Unterschied ist, dass ich es mir wert sein will, auch ohne Gesellschaft das zu tun, worauf ich Lust habe. Ich will es mir wert sein, auf meine Bedürfnisse zu achten. Und wenn die nach Elyas M'Barek schreien, dann gucke ich mir halt seinen neusten Film im Kino an. Und wenn mein Körper mehr Erfrischung will, als die eigene Badewanne zu bieten hat, dann geh ich eben alleine ins Schwimmbad – trotzdem oder eben weil!

Als ich vor Kurzem im Urlaub war, habe ich mir in einer unglaublich tollen Patisserie ein Törtchen geholt. (Keine Ahnung, ob es nicht im Französischen eigentlich einen viel tolleren Titel hat. Aber der Einfachheit halber nenne ich es Törtchen.) Es sah so unfassbar toll aus. Perfekt, fruchtig, schokoladig und viel Genuss verheißend. Ich hab es in den Kühlschrank gestellt und abends gedacht, dass ich es unheimlich gern probieren würde. Aber mit wem? Und wann? So was Tolles alleine zu genießen, fand ich irgendwie komisch.

Und dann dachte ich: Was für ein Quatsch! Nimm das Törtchen, und wenn du es mit anderen teilen willst, kannst du es ja auch auf Facebook oder Instagram posten! (Hahaha!) Und dann habe ich mich hingesetzt, es vorsichtig ausgepackt, die französische Kunst von allen Seiten bewundert, dann Schicht für Schicht vorsichtig probiert und … es so was von genossen!! Warum? Weil ich es mir wert war. Und weil das Törtchen meinen Namen rief!

Als ich mich das letzte Mal aufgerafft habe und alleine ins Kino gegangen bin, musste ich mir selbst ein wenig Mut zusprechen. Aber dann war es eigentlich ganz toll. Ich hab gelacht und den Film genossen. Ist halt doch schön, egal ob in Begleitung oder nicht. Wobei, als ich meinen Platz gefunden hatte und feststellte, dass ich im Pärchen-Saal gelandet war und ein Pärchen-Sofa mein Eigen nennen durfte, da hab ich innerlich kurz aufgestöhnt und die Augen verdreht. Dann hab ich – ähnlich wie im Flugzeug – gehofft, dass niemand Unangenehmes neben mir sitzen wird, und mich am Ende über den vielen Platz gefreut. Alles eine Frage der Perspektive!

Urlaub – alleine oder nicht alleine, das ist hier die Frage

Es ist Urlaubszeit, alle scheinen zu verreisen und auch ich wünsche mich sehnlichst an einen Ort, an dem ich die Füße in den Sand graben kann. Ich bin schon alleine in den Urlaub gefahren. Allerdings habe ich da bei Verwandten gewohnt. Von dort aus habe ich Ausflüge an den See gemacht, war alleine bummeln, saß in einer fremden Stadt in Cafés und habe es geliebt. Denn wenn ich wollte, bin ich zurück in die Gemeinschaft gegangen, habe das Abendessen mit meinen Verwandten genossen oder Freunde in der Nähe besucht.

Der erste Urlaub alleine, tatsächlich in einem Hotel oder einer Ferienwohnung zu schlafen – das ist eine große Hürde. Denn wer alleinstehend ist, weiß, dass die Zeit wirklich lang werden kann, wenn man nur mit sich alleine ist. Ich überlege, alleine zu verreisen. Das muss ich doch ausprobieren, oder? Wie wird es sein, den ganzen Tag neue Orte zu sehen, Eindrücke zu sammeln und sie anschließend mit niemandem teilen zu können? Wie wird es sein, wenn ich schon den ganzen Tag alleine war, nur um dann abends ins Hotelzimmer zu kommen und dort weiter stundenlang mit mir alleine zu sein? Wird es wie an einem langen Wochenende daheim sein, wenn ich nach einem Tag schon merke, wie mir die Decke auf den Kopf fällt?

Als Erstes erstelle ich einen Plan, mit dem ich mich anfreunden könnte – wenn ich schon alleine in den Urlaub fahre, will ich für alle Eventualitäten gerüstet sein. Der Plan sieht so aus: Ich möchte unbedingt an den Bodensee fahren. Das hat mehrere Vorteile:

1. Ich war vor einigen Jahren schon dort und fand es wunderschön. Ich will seitdem wieder hin, den See bewundern in seiner Größe und die schneebedeckten Alpen im Hintergrund bestaunen.
2. Ich bin in Deutschland, muss mich nicht mit Sprache oder fremder Währung rumschlagen, ich kann Freunde und Familie anrufen, wenn mir nach reden ist, ohne Roaminggebühren zu zahlen. (Zum Teil abgeschafft, ich weiß. Danke, EU!)
3. Wenn es aus irgendeinem Grund bescheuert werden sollte, etwas schiefgeht, ich einen Unfall habe, bin ich im heimischen System, kenne mich aus, bin im Notfall auch in wenigen Stunden wieder daheim.

Wovor mir in den Wochen vor dem Urlaub allerdings am meisten graut, ist der Gedanke ans Frühstück. Ich liebe Frühstück! Aber alleine in einem Saal voller Menschen zum Büfet zu gehen, nur um sich dann alleine an einen Tisch zu setzen und sich beim Essen beobachtet zu fühlen, ist noch viel schlimmer.

Zwei Wochen bevor es losgehen soll, bin ich mit meiner Freundin verabredet. Wir wollen uns abends am Hafen treffen, in einem Restaurant etwas essen. Ich fahre eine Stunde früher hin, weil ich denke, dass ich dann noch Zeit habe, um mal wieder ein wenig Tagebuch zu schreiben. Ich erwische den letzten freien Platz auf der Terrasse vor dem Lokal, setze mich an den Tisch und erstarre. Um mich herum lauter verliebte Paare, Freundesgruppen, Familien. Ich bin auf diesem großen Platz tatsächlich die Einzige, die alleine da ist. Es fühlt sich unangenehm an. Es ist mir peinlich.

Und an diesem Abend, mitten auf dem Platz, wird mir klar: Das Frühstück wird mein kleinstes Problem sein. Denn morgens kann ich beim Frühstück, so wie viele andere auch, eine Zeitung lesen. Ich kann mich in Ruhe informieren über das Geschehen in der Welt, dabei essen (Ablenkung sei an dieser Stelle willkommen), und gut ist. Mittags, wenn ich in einem Café, am Strandbad oder in einem Lokal etwas esse, dann sitzen da viele Menschen mit einem Laptop neben sich und arbeiten oder sie lesen die Zeitung, weil sie noch nicht dazu gekommen sind. Auch da ist es entspannt, weil ich mit einem Buch oder meinem Tagebuch dort sitzen kann und gar nicht auffalle.

Aber abends, da sind die Menschen ohne Laptop im Lokal, sitzen mit ihrem Partner oder einer Freundin im Restaurant und genießen den Ausklang des Tages. Da falle ich auf, ob mit Tagebuch oder ohne. Aber ich muss das doch mal probieren, oder? Da kann ich nicht vor einem läppischen Abendessen davonlaufen. Klar, ich könnte abends die Mahlzeit ausfallen lassen. Oder in meinem Hotelzimmer auf die Küchenzeile zurückgreifen. Aber das wäre ein fauler Kompromiss, eine Flucht, was ich doch mit dem Urlaub alleine überwinden will. Also muss ich abends auch essen können, ohne mich in der Menge der Menschen um mich herum schlecht zu fühlen.

Und wer weiß, vielleicht kommt ja alles anders und ich lerne nette Menschen kennen oder finde es toll, die Mahlzeiten ohne den Fernseher ganz neu zu entdecken? Vielleicht wird es eine Liebe auf den ersten Blick zwischen dem Essen und mir und danach koche ich für mein Leben gern?! Hoffentlich beinhaltet das dann auch, dass ich gut kochen kann!

Also: Die nächsten Schritte. Ich informiere mich. Gucke nach Hotels. Und obwohl ich mir schließlich eins ausgesucht habe, buche ich am Ende doch nicht. Das liegt zum einen daran, dass ich nicht den Mut habe. Ich entscheide nach meinem Bauchgefühl. Zum anderen wurde ich die große Frage nicht los: Muss ich mich diesem Projekt „Urlaub alleine" wirklich aussetzen? Wenn ich schon Urlaub habe, dann sind das jene kostbaren freien Tage, die frei von Arbeit und Verpflichtungen sind. Da will ich diese Zeit besonders nutzen und genießen, mir etwas Gutes tun. Ich will ausschlafen und schauen, wonach mir ist, tun, was mir Spaß macht, und von der ersten Sekunde an auftanken. Wenn mir aber schon Wochen vorher der Gedanke an den Urlaub alleine den Schlaf raubt, dann erscheint mir das zwar möglicherweise einen therapeutischen Zweck zu haben, aber nach Erholung klingt das alles nicht! Und wer weiß, vielleicht müsste ich danach in Therapie, weil dieser Urlaub alleine traumatischer wird als gedacht?

Ich denke an eine Freundin, die seit Jahren schon auf Freizeiten fährt, Freunde besucht oder mit einer befreundeten Familie in den Urlaub fährt. Muss ich die Erfahrung wirklich selbst machen und zwingend erleben, wie ein Urlaub alleine für mich wäre? Oder kann ich die Zeit nicht so planen, dass ich sie bestmöglich genießen kann? Die Arbeit ist anstrengend genug, da brauche ich Zeit, den Akku aufzufüllen.

Und noch ein Gedanke kommt mir: Ich bin im Alltag doch immer alleine. Wenn ich Urlaub von der Arbeit mache, sollte dann nicht ein Urlaub vom Alleinsein auch drin sein?

Ich verbringe den Urlaub also weiterhin so, wie ich das möchte. Ich muss das Projekt „Urlaub alleine" nicht zwingend probieren. Vielleicht will ich irgendwann eine kleine Auszeit haben und verreise alleine. Aber wenn dem so ist, dann will ich das auch wirklich wollen. Solange es nicht so ist, besuche ich weiter Freunde und Verwandte, fahre ein paar Tage zu ihnen und genieße die Vorteile, die diese Art von Urlaub mit sich bringt.

So bin ich beispielsweise mit einer Freundin ein paar Tage am Meer gewesen. Wir haben gelesen, Filme geschaut, waren shoppen und in tollen Cafés, haben am Strand gelegen und die Seele baumeln lassen. Da wir beide daheim alleine wohnen, haben wir uns entschieden, ein Ferienhaus mit zwei Schlafzimmern zu mieten. Wir freuen uns daheim über unseren Rückzugsort und das wollten wir uns auch im Urlaub gönnen. Es war toll! Ich habe es sehr genossen, morgens aufzustehen und es war schon jemand in der Küche. Gemeinsames Frühstücken, zusammen in den Tag starten, gemeinsam Erlebnisse und später auch Erinnerungen teilen und dennoch in aller Freiheit Zeit und Raum für sich zu haben – das war super! Es war die perfekte Auszeit vom Alltag, vom Alleinleben.

Ich brauche wirklich keinen Urlaub alleine – ich kann mit Freundinnen verreisen oder sie in der Ferne besuchen oder einen Abstecher zu meiner Verwandtschaft machen – alles tolle Arten, meinen Urlaub zu verbringen. Denn mal ehrlich: Im Alltag hab ich mich doch oft genug für mich alleine – das reicht mir dicke!

Und dann braucht man ja auch noch Zeit,
um nur dazusitzen
und vor sich hin zu schauen.

Astrid Lindgren

Party oder keine Party?

Wer Single ist, wird das kennen: Da flattert die Einladung für die nächste Geburtstagsparty ins Haus und nach der anfänglichen Freude flattert auch gleich die Panik hinterher: Ich kenne NUR Paare, die dorthin gehen!! Soll ich da alleine auftauchen?

Das ist so das Untergangsszenario, das in meinen Gedanken Karussell fährt: Als ich bei der Party ankomme, sind die anderen Gäste schon da. Während ich den Weg vom Parkplatz auf die Location zulaufe (möglichst lässig; alle anderen stehen in kleinen Gruppen beieinander, schlürfen ihren ersten Drink), ebben plötzlich die Gespräche ab. Nach und nach schauen alle Gäste auf, gucken mich schweigend an und ich werde fürchterlich rot im Gesicht. Ich versuche, ein freundliches Grinsen zustande zu bringen, das meine Unsicherheit verbirgt.

Bei der Location angelangt, suche ich verzweifelt nach der Gastgeberin, um ihr zu gratulieren – und vor allem, um mit jemandem reden zu können. Dann würden endlich alle sehen, dass ich hier doch gar nicht so alleine bin. „Guckt mal, die redet mit mir – ich gehöre also voll dazu!"

Tatsächlich geht die Katastrophe aber noch weiter – spätestens beim gemeinsamen Essen. Denn da versuche ich, mich strategisch sinnvoll zwischen die Paare zu mogeln. Allerdings ist es bei Themen rund um Kinder und Erziehung selbst für eine Pädagogin wie mich nicht einfach mitzumischen. Die Arbeit ist nichts, worüber ich unbedingt in meiner Freizeit reden müsste – aber alles ist besser, als weiter zuzuhören, welche Schule am besten für den eigenen Sprössling ist.

„Also, der Tom will ja am liebsten aufs Gymnasium, wo alle seine Freunde hingehen. Aber da kann er nicht mit dem Fahrrad hin. Und mit dem Bus soll er nicht fahren." – „Wir haben uns in der letzten Woche drei Schulen mit Linus angesehen. Das war gar nicht so einfach zwischen dem therapeutischen Reiten und der Musikschule. Aber man muss Prioritäten setzen! Eine Schule hat uns besonders gut gefallen. Dort konnten die Viertklässler sogar am Unterricht mitmachen." – „Emma fand das auch toll. Und sie wollte zum Lateinunterricht. Da waren wir Eltern auch mit dabei und die Lehrerin war total lieb zu den Kleinen." – Achtung, mein Moment ist gekommen!!! Ich kann endlich mitreden, kann zum Gespräch beitragen. Ich hole tief Luft und sage laut in die Runde: „Ich hatte früher auch Latein!"

Und schon bin ich drin im Kreis der auserwählten Menschen, die als homogene Gruppe an einem Tisch sitzen und sich über ihre Weingläser hinweg unterhalten.

Später am Abend wird dann getanzt. Sollte die Anzahl der Paare auf der Tanzfläche überwiegen – wie auch immer die Frauen ihre Männer dorthin bekommen haben –, ist das der Zeitpunkt, an dem ich verschwinde. Ich habe im Laufe des Abends alle Fluchtwege abgecheckt und in meinem Kopf gespeichert, um ungesehen zu verschwinden. Denn wenn der Abend so endet, wie er begonnen hat – indem alle aufschauen und ihre Gespräche unterbrechen, um mich einsamen Single anzustarren –, dann wäre der Super-GAU perfekt!

Jetzt muss ich aber noch mal kurz darauf zurückkommen, wie das ist, eine Partyeinladung zu bekommen. Ich freue mich! Wirklich! Ich find's super, alte Kollegen oder Freunde zu treffen und mit anderen zu quatschen, und auf das Essen kann man sich ja bei solchen Partys in der Regel ebenfalls freuen. Und auch wenn mir die Vernunft in meinem Kopf erklärt, dass es nicht so ablaufen wird wie in meinem Weltuntergangsszenario, dann ist es dennoch immer wieder eine herausfordernde Entscheidung, die ich treffe. Mal fällt sie mir leichter, mal schwerer. Mein Mathelehrer von früher hätte gesagt, dass das wohl an den verschiedenen Variablen liegt. (Noch etwas, das ich bei den Gesprächen über Schule beitragen kann – merk dir das, Rebekka!) Ich entscheide darüber, ob ich diesen ganzen hypothetischen Gedanken in meinem Kopf zustimme und mich daheim auf dem Sofa verkrieche oder ob ich trotz ohne Begleitung zur Party fahre und das Risiko eingehe, allein unter Paaren zu sein (was übrigens nicht immer schlecht ist. Falls an dieser Stelle Paare mitlesen: So schlimm seid ihr nicht – zumindest manchmalmeistensfast).

Vor einer Woche befand ich mich in solch einer Situation. Ich war auf einen 50. Geburtstag eingeladen. Die einzigen Menschen, die ich dort kannte, waren meine früheren Arbeitskollegen und die Familie meiner Freundin. Und da eine der Kolleginnen ebenfalls Single ist, war ich tiefenentspannt. Monatelang freute ich mich auf diese besondere Feier. Bis eine knappe Woche vorher besagte andere Singlefrau absagte, weil sie sich in dieser Runde nicht so wohlfühlte, wie sie mir gestand. Ab da sank meine Vorfreude schlagartig. Ich würde alleine unter Paaren sein. Alle Frauen würden mit Partner kommen und ich konnte nur inständig hoffen, dass sie nicht nur über Themen reden würden, die mein Leben und meinen Alltag nicht betrafen.

Ich entschied, dennoch zu gehen. Gott sei Dank nahm der Abend, noch bevor er so richtig begonnen hatte, eine interessante Wendung. Das fing damit an, dass ich nicht alleine kam, sondern weitere Autos gleichzeitig mit meinem anhielten und es überall wie in einem Bienenschwarm summte. Außerdem sah ich gleich eine Bekannte, die ebenfalls ohne Begleitung da war. Wir waren schnell im Gespräch und fanden einen gemeinsamen Nenner. Unser Thema: als Alleinstehende alleine zu einer Party gehen. Wir sprachen über die Paare, die sich ein Weinglas teilen und gemeinsam unter Prostata leiden, und wie froh wir waren, unseren Strohhalm einsam und allein in unseren Cocktail tauchen zu können. Natürlich alkoholfrei – denn wir mussten beide fahren.

Der Abend wurde dann allerdings noch interessanter: Während ich die Häppchen von den herumgereichten Platten genieße und mich darüber wundere, dass Schnitzel mit Erdbeeren eine so leckere Kombination sind, erzählt sie, dass ihr Partner seit vielen Jahren im Koma liegt. Ich kann diese Information gar nicht so schnell verdauen, um adäquat auf diese Aussage zu reagieren. Sie ist also gar kein Single, sondern in einer Beziehung, ohne Beziehung leben zu können?! Und sagt das einfach so zwischen Tomate-Mozzarella-Stick und Schnitzeln mit Erdbeeren?!

Ehrlich gesagt interessiert mich das ja dann doch. Und so bleiben wir während des Abends die meiste Zeit zusammen. Wir sitzen gemeinsam am Tisch, genießen gemeinsam Desserts und quatschen tief und ehrlich. Seit Jahren fliegt sie alleine in den Urlaub. Fünf Wochen Südfrankreich, das ist so eine Etappe im Jahr. Fünf Wochen!!! Fünf Wochen ist sie alleine mit sich im Urlaub!!! Sie wohnt dann auch nicht in einem Hotel, sondern immer in einer Ferienwohnung!! Ich finde das so unglaublich, dass ich direkt nachfragen muss: „Sag mal, Sabine, wird dir das nicht irgendwann zu viel? Ich würde verrückt werden, wenn ich fünf Wochen mit mir alleine wäre. Sonst hat man immerhin hin und wieder Zeit mit Freunden oder so. Ich will auch mal unbedingt nach Südfrankreich.

Aber fünf Wochen? Du verbringst doch jeden Abend alleine mit dir! Und wenn du tolle Sachen erlebt hast, kannst du sie mit niemandem teilen!" „Ja, das ist scheiße!", sagt sie ganz unverblümt zu mir. „Aber du musst dich entscheiden, Rebekka. Das ist wie mit dieser Party. Ich kann daheim sitzen und mich isolieren und in Selbstmitleid zerfließen oder aber ich entscheide mich rauszugehen. Und heute Abend lerne ich so viele tolle Leute kennen. Die waren mir alle fremd, aber ich gehöre direkt dazu. Das ist total besonders!" Ich bin ziemlich baff. Nicht nur, dass sie zu ihrem Freund steht und ihn seit Jahren regelmäßig besucht – die fünf Wochen Südfrankreich unterbricht sie, um ihn zwischendurch zu sehen, und fliegt dann zurück –, sie entscheidet sich, all die Sachen alleine zu machen, die ich mich nicht traue. „Du musst dich entscheiden und das lernen. Anders geht es nicht", erklärt sie. „Aber so war ich beispielsweise alleine in der Türkei und habe einen Oberbürgermeister von irgend so einer Stadt kennengelernt. Am Ende saß ich in einem Parteiwagen und bin winkend wie die Queen durch die Straßen gefahren. Das war cool!"

Was für eine inspirierende Frau!! Ich überlege seitdem wieder häufiger, ob ich nicht doch mal ein paar Tage den „Urlaub alleine" probieren soll. Was hab ich zu verlieren? Wenn ich mir mehr Sicherheit verschaffen will als sie, fahre ich nicht so weit weg oder buche eine Flatrate für Europa und kann auf diese Weise abends wenigstens Freundinnen anrufen und ihnen von dem erzählen, was ich so erlebe.

Unter dem Strich bleibt von der Geburtstagsfeier, dass ich einen tollen Abend erlebt habe! Es gab leckeres Essen, ich habe alte Kolleginnen getroffen und zum ersten Mal in meinem Leben auf einer Party getanzt. (Ja, ich weiß, ich bin quasi 30, lassen wir das.)

Außerdem ist es schön, am Ende doch noch Menschen

zu treffen, die es auch befremdlich finden, wenn Paare jeden Cocktail aus einem gemeinsamen Glas trinken.

Und an dieser Stelle kann ich wirklich sagen: Es könnte blöder kommen. Wie sieht wohl das Katastrophenszenario von Sabine aus? Das stelle ich mir so vor: „Bist du Single?" – „Nein!" – „Ist dein Mann auch hier?" – „Nein, der liegt im Koma!" – Stille.

Sabine und ich haben die Party übrigens gemeinsam verlassen – und zwar genau dann, als wir bemerkten, dass die Tanzfläche voller Paare war, und wir nicht wie ein Stück Dekoration am Rand sitzen bleiben wollten. Und dem Untergangsszenario in meinem Kopf zum Trotz hab ich eine neue Freundin gewonnen, die sich auch vorher schon Gedanken macht, welche Gesprächsthemen sie zwischen all den Paaren einfließen lassen könnte. Ich bin meinen Eltern nach wie vor dankbar, dass sie mich ermutigt haben, ab der fünften Klasse Latein zu lernen und Handball zu spielen – worüber sollte ich auf Partys sonst mit anderen Leuten reden?!

Ein Monster namens Wochenende

Es ist Freitagabend. Ein stinknormaler Freitagabend in einer stinknormalen Woche. Endlich Wochenende – ich freu mich seit Montag drauf! Zwei freie Tage!! Ich muss nicht arbeiten, hab keine Termine und kann machen, was ich will.

Es ist Freitagabend. Endlich Wochenende – und es ist ein bisschen wie ein Kampf mit mir selbst. Schaffe ich es, mich mit Freunden zu treffen oder bei meiner Familie zu sein? Oder verbringe ich die zwei Tage alleine?

Es ist Freitagabend. Und ja, ich gebe zu: Ich sitze mit Ende 20 wie eine alte Oma auf dem Sofa. Neben mir ein paar Dinge für die wöchentliche Maniküre und eine kühle Saftschorle, in mir die Vorfreude auf die neue Staffel meiner Lieblingsserie auf Netflix – o nein, ich bin wirklich eine Oma!!

Ich liebe die Ruhe nach einer langen Woche und das Gefühl, die Beine hochlegen zu können, solange ich will. Ich habe einfach Zeit für die Dinge, auf die ich Lust habe. Niemand redet mir rein, kein Pflichttermin mehr – nur mein Sofa und ich.

Okay, ich gebe es zu: Niemand aus meinem Freundeskreis hatte Zeit. Seit die Anzahl der Singles unter meinen Freundinnen erheblich geschrumpft ist, ist das mit den Planungen für Abende und Wochenenden nämlich so eine Sache. Find mal eine Freundin in Beziehung, die sich an einem Freitagabend spontan mit dir zum Kinobesuch trifft oder die heimischen Gefilde noch einmal verlässt, um mit dir was trinken zu gehen.

Das geht dann auf WhatsApp so:

„Hey, was machst du heute Abend?"

„Nichts Besonderes. Wieso?"

„Hast du Lust, noch was essen zu gehen? Oder was trinken?"

(Und weil ich ahne, dass ich mit ihrem Partner schwere Konkurrenz habe, beginne ich zu feilschen. Ich bin nicht stolz drauf, wirklich nicht!)

„Muss ja nicht lang sein. Nur so ein Stündchen?"

Freundin schreibt …

Muss ein langer Text werden, denn WhatsApp zeigt seit mindestens zwei Minuten an, dass eine Nachricht getippt wird.

Die Hoffnung wächst. Vielleicht schlägt sie gerade eine Bar vor. Oder sie schreibt, dass sie nur noch eben ihrem Liebsten Bescheid geben muss oder die Kinder ins Bett bringt, bevor sie sich ins Auto schwingt. Also warte ich, bereit, jeden Moment aufzuspringen und mir meine Ausgehklamotten vom Stuhl zu ziehen. (Ihr kennt den Stuhl. JEDER hat so einen Stuhl!!)

Mein Handy piept und ich weiß: Sie hat geantwortet.

„Geht nicht. Bleibe mit meinem Schatz zu Hause."

Geht nicht – ist das alles??? Kein „Tut mir leid", kein „Ein anderes Mal gern"?? Sie könnte wenigstens so TUN, als würde es ihr leidtun. So nach dem Motto: „Ich würde sooooo gerne, aber er lässt mich nicht!"

Also sitze ich daheim auf dem Sofa und begnüge mich eben mit ein paar Folgen auf Netflix und scrolle nebenbei durch Facebook und Instagram. Und gleichzeitig frage ich mich, was so toll daran ist, mit seinem Mann daheim rumzuhängen. Also ehrlich, die wohnen doch da!!! Heißt also, sie sehen sich jeden Tag, oder? Okay, das ist vielleicht unfair – aber trotzdem!

Und so vergeht mein Freitagabend. Immerhin kann ich

morgen ausschlafen. Ich könnte noch mit einer Freundin telefonieren. Aber das geht nicht, weil … ihr wisst schon. Und mal wieder mit meinen Eltern telefonieren? Entschuldigung, aber ich will nicht, dass sie wissen, dass ich freitagabends regelmäßig alleine daheimsitze. So tief sinke ich auch wieder nicht.

Ich weiß, dass Wochenenden, an denen keine Termine anstehen und nichts geplant ist, lang sein können. Lang, deprimierend und irgendwie auch frustrierend. Ich weiß, dass das Monster namens Wochenende ekelhaft sein kann. Vor allem wenn die Zweifel kommen und dieses traurige Gefühl, wenn die Freundinnen lieber bei Mann und Kindern daheimbleiben.

Und weil ich mittlerweile ein paar Tricks an der Hand habe, um das Wochenende zu einem tollen zu machen, kommt hier das ultimative Rezept für perfekte freie Tage!

Okay, das gibt es nicht – aber ich nehme dich trotzdem mal mit in mein Wochenende. Vielleicht findest du dich wieder und es inspiriert dich sogar!?

Am Samstagmorgen gehe ich in mein Lieblingscafé. Das ist so etwas wie ein Ritual für mich. Wenn ich in das gut gefüllte Café trete, das voller Paare, Freundinnen und Großfamilien ist, die bunt und laut durcheinanderreden, komme ich mir manchmal etwas komisch vor. Sieht ein bisschen so aus, als hätte ich keine Freunde. Aber um ehrlich zu sein, ist dies die schönste Zeit meines Wochenendes. Ich habe Zeit, meine Gedanken zu sortieren und schweifen zu lassen. Ich kriege den Kopf frei und kann Pläne schmieden, träumen, Altlasten loswerden und Erlebnisse notieren.

Meistens lerne ich dabei selbst eine ganze Menge. Gott spricht gerade in diesen Zeiten, zeigt mir Neues und lässt mich auf Dinge stoßen, die im Chaos und Stress des Alltags untergegangen sind.

Vor einigen Wochen saß ich im Café und notierte meine Gedanken. Ich liebe meinen Job. Ich arbeite mit tollen Menschen und darf ganz viele Dinge machen, die mir Freude bereiten und die ich gut kann. Ich bringe also meine Talente ein und gehe nach Feierabend fröhlich nach Hause. Weil meine Arbeit toll ist. Aber sie ist auch wahnsinnig anstrengend. Ich nahm also mein Tagebuch zur Hand und beschrieb meine Gedanken und Gefühle der letzten Wochen. Und je mehr ich schrieb, desto klarer merkte ich, dass ich so auf Dauer nicht leben möchte. Würde ich nichts an der Situation ändern – so toll sie oft auch ist –, würde ich krank werden.

Das Gute beim Schreiben ist, dass ich mir häufig bewusst werde, was ich tatsächlich denke oder fühle, oder Situationen ganz anders reflektieren kann. Das Blöde beim Schreiben ist, dass ich es dann Schwarz auf Weiß vor mir sehe und meine Augen nur noch schlecht davor verschließen kann. Denn dann würde ich mich selbst betrügen.

Während ich den Milchschaum meines Kaffees genoss, wusste ich also immer klarer: Ich muss mein Stundenpensum auf der Arbeit reduzieren, um nicht kaputtzugehen. Als ich nach einer Stunde den Stift zur Seite legte, war ich beflügelt, selbstsicher, bereit und dennoch auch ein bisschen voller Ängste und Zweifel. Weniger Geld, später weniger Rente … All die vernünftigen Gedanken gingen mir durch den Kopf. Und doch wusste ich, dass ich weniger arbeiten wollte. Ich hätte mehr Zeit zum Regenerieren, aber auch um freiberuflich weiter Schmuck herzustellen und zu schreiben. Das war schon lange mein Traum: ein Job, der mir diese Freiheiten und gleichzeitig genügend Sicherheiten gibt. Ich wusste, dass es die richtige Entscheidung ist – trotz meiner Angst.

Und in diesem Moment, nachdem ich all meine Gefühle und Gedanken zu Papier gebracht hatte, wurde mir klar, dass

Gott sagt: „Ich versorge dich. Immer! Aber du musst mir vertrauen!" Das war der eigentliche Punkt: Würde ich Gott genügend vertrauen, dass er mich mit allem versorgt, während ich den Schritt gehe und meine Stunden reduziere?

Während des Schreibens habe ich aber auch schon ganz andere Dinge gelernt. Zum Beispiel warum ich nach einem Date mit einem Mann so ein komisches Gefühl hatte: Ich war in dem Moment nicht bereit für eine Beziehung. Das ist noch so ein Vorteil des Schreibens: Man kann es danach immer mal lesen und sich erinnern.

Wenn ich heute daran zweifle, ob ich die richtige Entscheidung getroffen habe und es gut war, die Arbeitsstunden zu reduzieren, dann kann ich mein Tagebuch aufschlagen und mich erinnern. Erinnern an Gottes Zusagen, an Erkenntnisse, die ich beim Schreiben hatte, und an die Gründe, warum ich Dates abgesagt habe. Ich hoffe, ihr versteht jetzt, warum das Schreiben eines meiner liebsten Wochenendrituale ist – immer in Kombination mit einem Latte macchiato mit viel Milchschaum natürlich!

Wenn ich keine Lust mehr habe – oder Hummeln im Hintern –, mache ich mich auf. Letzte Woche bin ich spontan nach Köln gefahren. Da hat ein dänischer Einrichtungsladen eröffnet. Und ich liebe die Dekoartikel und all das Zeug, das man eigentlich nicht braucht, das aber so schön ist! Also bin ich hin. Die Stunde im Auto habe ich Lobpreis gehört und laut mitgesungen. Beim Einkaufszentrum angekommen, habe ich festgestellt, dass mein Plan nicht so gut durchdacht war. Ich habe 15 Minuten gebraucht, um einen Parkplatz zu finden. Aber das war nicht schlimm – ich war alleine. Keine Kinder, die ungeduldig wurden, und niemand, der drinnen auf mich wartete. Ich bin also durch die Läden gebummelt, habe mich wie ein Kind über all die schönen Dinge gefreut, und bin mit neuen Ideen im Kopf und vollen Tüten wieder heimgefahren. Für nur ein oder zwei Geschäfte insgesamt 140 Kilometer fahren? Könnte man für Unsinn halten. Ich finde, es ist ein Stück Freiheit, das ich habe – gerade weil ich unabhängig bin.

Den restlichen Tag, auch das muss sein, verbringe ich mit so lästigen Dingen wie Haushalt und so. Okay, bei einem Einmannhaushalt ist nicht so viel zu tun – deshalb bleibt viel Zeit zum Lesen und für andere schöne Dinge.

Gerade dann, wenn ich alleine und nicht abgelenkt bin von anderen Menschen oder Terminen im Kalender, merke ich, wie in mir Platz geschaffen wird. Plötzlich ist da Raum und Zeit für jede Menge Gefühle. Jede Frau weiß: Das ist nicht immer spaßig! Ernsthaft, wie kann ein Mensch so viele Dinge gleichzeitig fühlen? Manchmal denke ich, dass ich verrückt werde. Da bin ich glücklich und dankbar über die freie Zeit, die neu erworbenen Sachen von meinem Trip nach Köln und gleichzeitig bin ich traurig und fühle mich unsicher oder alleine, weil ich den Tag nur mit mir verbracht habe – und irgendwie niemand da war, mit dem ich das teilen konnte. All diese Gefühle auf einmal zu spüren, ist manchmal unfassbar anstrengend. Da ist er dann wieder: der Kampf mit dem Wochenendmonster.

Und so banal es klingt: Ich habe gelernt, dass ich das aushalten muss. Mal ist das leichter, mal schwerer. Auch wenn meine Gefühle das in solchen Momenten nicht immer bestätigen, stelle ich mich auf die Wahrheiten der Bibel: Gott war gut, er ist gut und er bleibt gut. Kurz: Er ist souverän. Wir dürfen mit allem zu ihm kommen. Wir dürfen heulen und meckern und sauer sein!

Wenn ich mich alleine fühle und keine meiner Freundinnen ans Telefon geht, denkt eine leise Stimme in mir: Bestimmt will Gott, dass du lernst, dich mit allem an ihn zu wenden. Aber ehrlich gesagt hab ich da nicht immer Lust zu. Manchmal würde ich halt doch lieber mit einer Freundin telefonieren und erst danach beten. Gebet bedeutet nicht, dass sich sofort meine Gefühle verändern. Aber mein Fokus ändert sich, und auch wenn es schwer ist: Am Ende weiß ich, dass Gott da ist. Mir hilft es dann, mich ans Piano zu setzen oder Lobpreismusik zu hören – weil sich die Liedtexte mit Wahrheiten beschäftigen und mein Herz berühren. Und dann wird aus Einsamkeit Trost und aus Zweifeln Zuversicht.

Der Sonntag ist gefühlt zur Hälfte mit Gemeinde gefüllt. Je nachdem ob ich Teil der Lobpreisband bin, bin ich früher dort oder kann ausschlafen. Und ich liebe meine Gemeinde! Dort kann ich auftanken und treffe Freunde. Manchmal fahre ich danach zum Essen zu meinen Eltern (es leben die Tage, an denen ich nicht für mich alleine kochen muss!!) oder mache einen Mittagsschlaf (mittags benehme ich mich besonders gern wie eine Oma!). Mit einigen Freunden aus der Gemeinde versuche ich, regelmäßig Badminton spielen zu gehen. Und auch sonst lässt sich der Sonntag irgendwie immer gut füllen.

Vor ein paar Wochen rief meine Freundin Janine samstags an. „Ich wollte mal hören, ob du morgen schon was vorhast! Wir wollen mit ein paar Freunden grillen und ich würde mich soooo freuen, wenn du auch kommst!" Mann, was hab ich mich gefreut! „Ja, voll gerne! Grillen immer!!", hab ich gesagt. „Super!!", antwortete Janine. „Ich war erst nicht sicher, ob ich dich fragen soll. Weil da noch andere Familien kommen und ich nicht wusste, ob du dich da als Single unwohl fühlst. Aber dann hab ich gedacht, dass ich über so was gar nicht nachdenken will. Du sollst wissen, dass du immer willkommen bist. Aber ich hab gedacht, ich frag dich lieber vorher, damit du dich nicht blöd fühlst." Ganz ehrlich, aber wer kann da noch Nein sagen? Ich hab mich total gefreut – weil ich mich erstens tatsächlich willkommen gefühlt habe. Und weil sie zweitens sensibel genug war zu realisieren, dass es manchmal wirklich komisch ist zwischen lauter Ehepaaren und Familien. (Ich erinnere an dieser Stelle nur kurz an den Geburtstag zwischen besorgten Eltern, die kurz vor der Schulwahl standen!!) Dass sie mich gefragt hat und mich als Einzelperson im Blick hatte, fand ich wertschätzend – ich hab mich sehr geliebt gefühlt!

Dieser Nachmittag, von dem ich Freitagabend noch keinen blassen Schimmer hatte, war toll. Es gab Momente, in denen ich mich komisch fühlte so alleine – wie auf dem Präsentierteller, auch wenn das wahrscheinlich nur dem Single selbst so geht –, aber ich habe mich entschieden, diesem Gefühl keinen Raum zu geben. Ich will nicht, dass Unsicherheit und die Angst, was andere denken könnten, mich beherrschen! Stattdessen bin ich abends ins Bett gegangen und war einfach dankbar. Weil Gott mich versorgt hat: mit tollen Freunden, die an mich denken und mich spontan einladen. Und weil ich Zeit hatte für so viele Dinge, die meine Seele auftanken lassen.

Das ist der Grund, warum ich dem Monster freitagabends schon sage, dass es direkt draußen bleiben kann: weil ich darauf vertrauen will, dass mein Wochenende das beste wird. Nicht weil ich schon alles verplant habe und möglichst viel Zeit mit Menschen verbringen werde. Sondern weil ich sicher bin, dass es toll wird. Ein Mix aus Zeit für mich und Zeit mit Menschen. Beziehungen sind was Tolles und alleine nach Köln fahren, weil ich spontan und unabhängig bin, ist ebenso toll.

Pluspunkt: Nach einem Nachmittag im Garten mit Mamas, Papas und vielen Kindern gehe ich sonntagabends ins

Bett und freue mich ein bisschen mehr über meine Unabhängigkeit, weil ich in Ruhe Tatort gucken kann, ohne über-
müdeten Kindern noch eine Monstergeschichte vorlesen zu
müssen.

Dinge, die du unbedingt mal alleine machen solltest

- [ ] Kauf dir einen Blumenstrauß nur für dich und stell ihn auf deinen Nachttisch.

- [ ] Geh ins Kino und schau dir einen Film an (niemand, mit dem du dein Popcorn teilen musst!!).

- [ ] Male, zeichne, musiziere, schreibe – gib deinen Emotionen Raum!

- [ ] Besuch eine Stadt, in der du noch nie vorher gewesen bist.

- [ ] Pack deine Tasche, nimm dir ein paar Sandwiches und Snacks mit und mach dich auf den Weg in den Park. Breite deine Decke aus, lies ein gutes Buch und genieß die Zeit.

- [ ] Hast du schon mal überlegt, dir Fische zu kaufen? Du kommst nie wieder in eine einsame Wohnung, hast ein wenig

Gesellschaft und jemanden, um den du dich kümmern kannst, ohne dass du dreimal am Tag Gassi gehen musst.

☐ Verschenke unnötige Gegenstände, Kleidung und Co. aus deiner Wohnung. Das ist nicht nur unheimlich befreiend, sondern schafft auch mehr Raum für Neues in deiner Wohnung und in dir.

☐ Lerne jede Woche einen Bibelvers auswendig: Das ist nicht nur eine tolle geistliche Übung, sondern hilft dir auch, dich mit guten Gedanken zu beschäftigen.

☐ Geh Beeren pflücken und koch deine eigenen Marmeladenkreationen. Ob mit weißer Schokolade, Rosen oder Früchten kombiniert: Das ist nicht nur toll für dich, sondern auch super zum Verschenken.

☐ Koch dir einen leckeren Tee, setz dich ans Fenster und beobachte die Wolken.

ICH & ER

Über Partnersuche, Dates
und andere Katastrophen

Auf der Suche nach dem Einen

In unregelmäßigen Abständen, wenn ich mich mal mit meinem Pastor treffe und wir quatschen, fragt er: „Wie sieht's aus, Rebekka? Schon einen neuen Stern am Himmel?" Bei den ersten Malen war ich leicht verwirrt. Wieso denn einen neuen Stern? Ist ja nicht so, als würde ich den alle paar Wochen wechseln! Von neu kann also keine Rede sein. Und überhaupt: Wer sagt denn, dass ich erstens einen suche, zweitens einen brauche und drittens ohne Partner einsam bin!?

Warum muss ich denn unbedingt einen Mann suchen oder haben? Weiß ich noch nicht, dass mir etwas Entscheidendes fehlt? Aber vielleicht verpasse ich wirklich etwas. Also entschließe ich mich, das mit der Suche nach einem Stern doch mal auszuprobieren. Schaden kann es ja nicht. Wobei, auf meinem eigenen Mist gewachsen ist das nicht. Das kam von jemand anderem. Aber wenn alle um dich herum dir etwas Gutes tun möchten, dich am liebsten verkuppeln wollen oder viele Tipps vom Stapel lassen, stellt sich irgendwann die Frage, ob sie nicht vielleicht mehr wissen als du selbst. Aus diesem Grund habe ich mich auf die Partnersuche eingelassen. Wenn es den anderen so wichtig ist, scheint das ja etwas Wichtiges zu sein!

Wenn ich einen Mann kennenlernen will, habe ich verschiedene Möglichkeiten. Ich kann mich auf die Suche machen und abends in Bars und Kneipen gehen. Wenn ich Männer suche, die echte Kerle sind, und hier bei einem Bier abhängen, dann muss ich doch eigentlich nur all meinen Mut zusammennehmen und losziehen, oder? Das Problem dabei ist Folgendes: Ich mag kein Bier, und wenn ich in eine Kneipe gehe, würde ich dort niemals einen Mann ansprechen – es sei denn, er ist der Kellner und fragt, was ich essen und trinken möchte! Und da die eigene Gemeinde nicht so wahnsinnig groß ist, dass ich nach vielen Jahren der Mitgliedschaft dort die berechtigte Hoffnung hegen darf, dass ich die Liebe meines Lebens sonntags einfach übersehen habe, muss ich einen anderen Weg finden.

Denn die Suche nach einem Partner hat bei uns Christen einen Haken: Wenn der Partner unseres Lebens (für den Anfang reicht auch erst einmal ein Partner, wenn das hilft, den Druck rauszunehmen!) auch Christ sein soll, ist der Radius unserer Suche nicht so irre riesig.

Also bleibt, was bleiben musste: das Internet! Ich hätte mich niemals dort angemeldet, hätte nicht meine Freundin Flo eines Tages auf meinem Sofa gesessen. Sie war der starken Überzeugung, dass mir ein Freund guttun würde (wäre interessant gewesen zu erfahren, warum sie dieser Ansicht war). Also meldete sie mich bei einer dieser Plattformen an. Den Rest musste ich dann übernehmen.

Das Internet ist mir nicht ganz geheuer. Wer weiß, wer am anderen Ende an seinem Computer sitzt? Sicher kam mir das alles ganz und gar nicht vor.

In meiner Gemeinde gibt es allerdings ein Ehepaar, das sich tatsächlich über eine christliche Partnerbörse kennengelernt hat. Scheint also doch irgendwie zu funktionieren, oder? Selbst bei Parship wird mit dem Slogan geworben: Alle 11 Minuten verliebt sich hier ein Single. Kann also nicht so schwer sein: Ab aufs Sofa und immer im 11-Minuten-Takt warten, ob ich mich verliebe. Gibt immerhin fünf Chancen pro Stunde.

Sooooo groß wäre mein Medienkonsum folglich gar nicht, wenn es in der ersten Woche klappt!

Doch Parship ist mir eine Nummer zu groß und irgendwie auch eine Nummer zu weltlich. Also – dank Flo – ab ins christliche Partnernetz. Das Praktische für uns Frauen ist ja, dass diese Plattformen für uns kostenlos sind. So viel habe ich also erst einmal nicht zu verlieren! Bis dein Profil allerdings vollständig ist, geht einiges an Zeit ins Land. Bei Parship hätte ich mich bereits sechsmal verlieben können, bis ich endlich alle Antworten auf die persönlichen Fragen gefunden habe. Schließlich ist das der erste Eindruck und der zählt. Gäbe es auch im Internet eine Liebe auf den ersten Blick, dann ist die Frage nach meiner Definition von Erfolg möglicherweise entscheidend.

Außerdem soll ich so Sachen beantworten wie: Wovor hast du Angst? Soll ich ehrlich sein? Dann müsste ich von den Spinnen erzählen, die ich nicht nur ekelig finde, sondern meist auch leben lasse, weil sie beim Einsaugen mit dem Staubsauger auf mein Bett fallen könnten. Schreibe ich, dass mir nichts Angst macht, oder so etwas wie Kriege und Politik, dann gelte ich als burschikose, unabhängige Frau, die aus der Reihe tanzt.

Gar nicht so leicht, den Weg zwischen Ehrlichkeit und attraktiver Zurückhaltung zu finden! Da ich noch immer skeptisch bin, lasse ich das Ganze erst einmal auf mich zukommen und warte ab, bis die Männer mir aus eigener Initiative heraus schreiben. Um dich nicht zu sehr zu langweilen, hier meine wesentlichen Erfahrungen in Kurzform:

1. Ich lerne, dass mein Name wie süß-schmelzende Schokolade klingt.
2. Ich erhalte Gedichte zum Geburtstag. Eines endet bei-

spielsweise so: „Im Winter leuchten die Kerzen und mein Gedicht kommt von ganzem Herzen. Du leuchtest wie ein Stern und ich schreibe Dir gern."

3. Altersunterschiede werden von mir offenbar völlig überbewertet. Wieso stelle ich mich eigentlich so an und gebe Männern, die mein Vater sein könnten, einen Korb?!

Ums auf den Punkt zu bringen: Nein, ich habe nicht das Gefühl, dass im Internet nur Traumtypen unterwegs sind. Eher ein komischer Kauz nach dem anderen und noch immer nicht Mr Right in Sicht!

Also nehme ich die Sache selbst in die Hand und gehe die Listen an Treffern durch. Mein Wunsch: ein Mann in einem Umkreis von 50 Kilometern (Fernbeziehung gerade noch einmal abwenden), zwischen 25 und 31 (viel jünger oder älter ist echt nicht drin!), Nichtraucher (bah!), keine Kinder und eigener Haushalt (mit 30 bei Mutti wohnen mache ich nicht mit).

Anhand dieser Wunschliste gehe ich die Mitglieder der Plattform durch, die mir angezeigt werden. Darunter auch Anton86. Anton86 wohnt etwa 20 Kilometer von mir entfernt, sieht nett aus und ist offenbar in seiner Gemeinde recht aktiv. Also: Los geht's! Das Prinzip mit dem ersten Schritt werfe ich mal eben über den Haufen. Es geht schließlich um die Suche nach dem einen Stern am Himmel, da kann ich einen kleinen Kompromiss vielleicht zulassen! Ich schreibe ihm eine kurze Nachricht und tatsächlich: Er meldet sich!!!

Wir beginnen uns zu schreiben. Gar nicht so leicht, mit einem Fremden zu chatten und über das Wetter und andere oberflächliche Themen schnell hinwegzugehen. Doch wir lernen uns Nachricht für Nachricht besser kennen. Immer wenn eine neue Nachricht kommt, freue ich mich, von ihm zu lesen. Allerdings sind wir uns einig, dass wir uns lieber bald treffen wollen, anstatt weiter lange Nachrichten zu schreiben. Bei einem ersten Eindruck von Angesicht zu Angesicht sollte das Kennenlernen ja vielleicht auch einfacher werden, oder?!

Eigentlich hatten wir mal ausgemacht, dass wir uns erst ein paar Tage später treffen. Aber da wir nun einmal beide gerade Zeit haben, entscheiden wir uns für ein spontanes Treffen. Bis ich losmuss, bleiben mir 45 Minuten. Ich habe gerade per Mail das Treffen samt Treffpunkt bestätigt, als ich wie von der Tarantel gestochen aufspringe und ins Bad sprinte. Eine Rund-SMS an meine Freundinnen wird eilig ins Handy getippt: „Hilfe! Gleich erstes Date! Was soll ich machen? Haare lockig oder glatt?" Die Meinungen sind eindeutig: lockig, denn das ist natürlich! Mein Blick gleitet über die Badewanne. Jetzt noch schnell Haare waschen und mich umziehen und dann losfahren! Im Eiltempo shamponiere und spüle ich meine Haare, knete sie kopfüber, renne zurück in mein Schlafzimmer und suche nach einem hübschen Oberteil. Das stellt sich als weniger schwere Aufgabe heraus.

Eine Dreiviertelstunde nach dem Versenden der Rund-SMS sitze ich im Auto und bin tierisch aufgeregt. Was mich von der Nervosität ablenkt? Das Navi, das mich an den geheimnisvollen Ort führt, den ich noch nicht kenne. Als ich ankomme, ein neues Hindernis: Bin ich zuerst da? Wenn ja, sieht das blöd aus, wenn nein: Wie begegne ich ihm? Wir sind uns fremd, haben uns noch nie gesehen. Andererseits haben wir uns viele Nachrichten geschrieben und kennen uns besser, als ich so manchen anderen Mann kenne. Also was? Handschlag? Lockeres Winken? Einmal Hand heben und ein lässiges „Hi"? Als ich im Schein der Straßenlaterne auf ihn zukomme, stelle ich fest, dass er kleiner ist, als ich gedacht hatte. Er nimmt mir die Entscheidung ab und umarmt mich. Begrüßung – check!

In der Nähe einer Kneipe verlassen wir die asphaltierte Straße und laufen einen steinigen Weg in Richtung Rheinufer. Es ist dunkel, wir sehen nicht viel. Warum also habe ich mich so in Schale geschmissen? Wir schlendern ein Stück am Rhein entlang. Nach etwa 150 Metern endet der Weg. Was nun? Mangels Alternativen beschließen wir umzukehren und setzen uns schließlich an einem kurzen Strandstück auf große Steine. Das Wasser plätschert in kleinen Wellen am Ufer des Flusses, es ist warm, und gerade als wir sitzen, reißen die Wolken ein Loch in den Himmel und über uns ist eine Flut von Sternen zu sehen. Ich muss mir ein Lachen verkneifen. Entweder steht hier irgendwo eine Kamera à la Truman-Show oder aber Gott hat mal wieder Humor bewiesen.

Das einzig Ärgerliche: Der Wind weht immer wieder meine Locken ins Gesicht, sodass ich sie in regelmäßigen Abständen hinter die Ohren streiche. Hilft nichts. Warum noch mal habe ich mir die Haare gewaschen und lockig gestylt?

Während wir in dieser idyllischen Umgebung am Rhein sitzen, reden wir über Gott und die Welt. Es ist, als würden wir uns schon ewig kennen. Wir quatschen und vergessen darüber die Zeit. Irgendwann gehen wir ein Stück weiter und landen auf einem großen Betonklotz, von dem aus wir die großen Schiffe beobachten können. Könnte ein erstes Date besser sein?

Als ich später am Abend nach Hause fahre, telefoniere ich meine Freundinnen über Headset ab, weil sie alle einen Lagebericht haben wollen. So sind wir Frauen eben! Sie sind mit mir ganz aus dem Häuschen und ich bin, als ich nach Hause komme, verwundert, wie einfach so ein erstes Date sein kann.

Allerdings stellt sich nach ein, zwei Treffen heraus, dass das mit uns nichts wird. Also lassen wir die Sache im Sand verlaufen.

Da ich nicht wie ein Feigling allzu schnell aufgeben will, schreibe ich noch zwei anderen Männern. Wir versuchen, uns besser kennenzulernen, telefonieren ein paarmal und ich habe das Gefühl, in einer Sackgasse zu landen. Irgendwie hab ich mir das anders vorgestellt. Einfacher. Und lustiger.

Ich muss ganz ehrlich sagen: Ich bin an einem Punkt angelangt, an dem ich keine Lust mehr habe. Die Partnersuche im Internet ist mir deutlich zu anstrengend. Immer gleich von sich zu erzählen, damit man nicht beim Wetter stehen bleibt, ist emotional anstrengend. Ich würde im „echten" Leben auch nicht so vielen Männern von mir und aus meinem Leben erzählen. Wieso also sollte ich das im Internet tun? Meine Motivation ist flöten, also lösche ich mein Profil. Die Partnersuche im Internet ist damit erst einmal zu den Akten gelegt.

Aber eins will ich zu diesem Thema noch loswerden: Es gibt eine Studie von einem Professor, die belegt, dass die Wahrscheinlichkeit, über diese Datingportale einen Partner kennenzulernen, genauso hoch oder niedrig ist wie in allen anderen Lebenssituationen auch. Und überhaupt: Die Werbung, in der behauptet wird, dass sich alle 11 Minuten ein Single verliebt, also, wie sag ich das jetzt vorsichtig? Da verliebt sich nur EINER! Denk mal drüber nach.

Internet-Versuch – Klappe, die Zweite

„Vielleicht will ich ja doch?
Woher soll ich das wissen?
Ich bin eine Frau,
ich entscheide mich am liebsten
alle fünf Minuten um!"

Als Anfang des Jahres um mich herum wieder neue Verlobungen bekannt wurden und klar war, dass bald schon die Hochzeitseinladungen folgen würden, habe ich mich hinreißen lassen. Ich bin nicht stolz drauf, aber ich wollte dem Phänomen Internetbekanntschaften noch einmal auf den Grund gehen.

Bei Sat.1 lief wenige Wochen zuvor das Format „Hochzeit auf den ersten Blick". Ich fand das Experiment äußerst spannend, weil diese Form von Eheanbahnung in unserer Gesellschaft nicht praktiziert und nur mit Naserümpfen bedacht wird. In den USA ist dieses TV-Format sehr beliebt. Klar, dass die Deutschen es dann doch mal ausprobieren wollten.

Die Geschichte ist schnell erzählt: Eine Gruppe von Experten sucht für Singles nach dem perfekten Match – dem einen oder der einen, die aufgrund von DNA, Hintergrund, Lebenseinstellung und Co. angeblich perfekt zueinander passen. Zwei völlig fremde Menschen lassen sich da also auf ein Experiment ein, bei dem sie nicht einfach nur ein Blind Date haben – sie treffen sich das erste Mal in ihrem Leben im Standesamt und lassen sich trauen. Bevor sie Ja sagen, erfragen sie noch schnell den Vornamen des jeweils anderen. Gelächter auf beiden Seiten, ist ja auch irgendwie eine komische Situation.

Nach Hochzeit und Flitterwochen, in denen sich das frisch getraute Paar bereits besser kennengelernt hat, kommt eine neue Herausforderung: der Alltag. Und während sie zur Arbeit gehen und ihr normales Leben wieder aufnehmen, leben sie plötzlich mit einem noch recht fremden Menschen zusammen, dessen Stärken und Schwächen sie im Laufe der Zeit erst noch entdecken dürfen ... oder müssen. Nach sechs Wochen dann die alles entscheidende Frage: Verheiratet bleiben oder Scheidung?

Spannend zu beobachten, denn einige der Paare spüren, wie die anfängliche Zurückhaltung weicht und sie den anderen immer anziehender finden. War ihr Gegenüber zunächst nicht das Bild des Traumpartners, entdecken sie immer mehr die Seiten, die sie gern mögen und die sie letztendlich miteinander verbinden. Sie beginnen sich zu verlieben, und merken, wie das Band zwischen ihnen enger wird.

Ich bin kein Verfechter dieser Hochzeit auf den ersten Blick. Und doch tun sich hier ganz spannende Aspekte auf. Während wir sonst beim ersten oder zweiten Date schnell ein Urteil fällen, lassen sich die meisten der Protagonisten auf dieses längere Experiment ein. Und sie beweisen, was wir eigentlich längst wissen: Liebe muss wachsen! Sobald wir am anderen eine unschöne Schwäche entdecken oder uns nicht innerhalb der ersten zwei Treffen unwiderstehlich zueinander hingezogen fühlen, geben wir auf. Das ist kein Vorwurf, sondern hat auch mit Selbstschutz zu tun.

Und doch beweisen einige dieser Paare, dass diese Form von Beziehung funktionieren kann. Das ist TV, doch in anderen Ländern und Kulturen werden noch heute Tausende von Menschen auf diese Weise miteinander verheiratet. Das Geheimnis? Liebe ist kein Gefühl, Liebe ist viel mehr. Liebe ist nicht einfach ein Zustand, der den anderen anziehend macht – Liebe bedeutet kontinuierliche Arbeit. Wieso also das Pferd nicht sozusagen mal von hinten aufzäumen?

Zweiter Versuch Internet – lass uns von vorne beginnen!

Diesmal kleckere ich nicht. Ich halte mich nicht nur mit den kleinen Dingen auf, ich suche das große Ganze. Als Erstes melde ich mich bei Parship an. Wie gesagt: Alle 11 Minuten ist doch ein guter Schnitt, oder? Es folgt funkyfish, eine christliche Partnerwebseite, die vor allem im niederländischen Raum äußerst beliebt ist. Eigentlich will ich keinen Niederländer. Hinterher heißt er Geraldus und wird vorne mit einem harten „Ch" ausgesprochen. Und ich kann ihn ja schlecht fragen, ob ich ihn ab jetzt einfach Jonas nennen kann, oder?! Trotzdem eröffne ich einen Account – einfach um zu sehen, wie das so funktioniert.

Bei Parship nehme ich die erste Hürde und befasse mich mit dem Persönlichkeitstest. So sollen direkt die potenziellen Partner mit der größten Übereinstimmung gefunden werden. Wer dich anschreibt, kann dir drei Fragen stellen. Stimmen die Antworten beider überein, lädt der andere ins Kino oder auf ein Getränk ein oder verspricht, eine private Frage zu beantworten. Leider stellt sich schnell heraus, dass ich mit den meisten 1. kaum Übereinstimmungen in den Antworten habe und 2. dass Parship für alle anderen interessanten Funktionen kostenpflichtig ist. Da mir die Sache mit dem Partner im Moment gar nicht sooo ernst ist, lösche ich meinen Account also wieder.

Auch bei „Christ sucht Christ" melde ich mich an. Das Prozedere dort ist mir vom letzten Mal bereits bekannt. Kann also nicht so schwer sein! Gleich zu Beginn erhalte ich erste „Klopfzeichen", virtuelle Blumensträuße und Anfragen, ob Kontakt gewünscht sei. Alter Schwede, das wird mir schon wieder viel zu anstrengend, aber ich habe mir vorgenommen, diesmal offener zu sein. Nach dem TV-Experiment will ich außerdem nicht mehr auf Äußerlichkeiten schauen, sondern auch für die offen sein, die sonst aus der Liste der potenziellen Männer sofort rausgeflogen wären.

Als mich ein 38-Jähriger anschreibt, schlucke ich kurz, erinnere mich an mein Vorhaben und ermutige mich selbst, auch mit einem „so alten Mann" (sorry!!) in Kontakt zu treten. Wir schreiben uns einige Nachrichten, fragen gegenseitig, was wir wissen wollen, und stellen so erste Berührungspunkte her. Bert will recht schnell telefonieren. Ich bin leicht überfordert, stimme aber schließlich zu. Er will meine Handynummer haben. Nee, auf solche Sachen habe ich wirklich keine Lust. Wer weiß, mit wem ich es zu tun habe, denke ich. Ich habe erst vor Kurzem meine Handynummer gewechselt – noch so ein Wechsel steht für mich nicht zur Debatte. Also gebe ich ihm meine Festnetznummer. Ich weiß, riskant, immerhin sagt das nicht zuletzt etwas über meinen Wohnort aus. Ich tue es trotzdem. Als das Telefon klingelt, schicke ich ein kurzes Gebet gen Himmel: „Jesus, hilf mir!" Na, das geht ja gut los.

Bert hat eine ganz angenehme warme und tiefe Stimme. Interessant, denke ich, wenn man sich noch nicht kennt, ist die Stimme ein wichtiges Merkmal! Ich lasse ihn anfangen, will sehen, ob er die ersten Schritte geht, und halte mich dezent zurück. Das Telefonat wird nicht langweilig. Er stellt Fragen, erzählt aus seinem Leben und erst nach einer ganzen Weile legen wir auf. Wir waren ehrlich miteinander, haben über das gesprochen, was uns beschäftigt und wie es uns mit diesem Blind Phone Call ging. Aber dass er 38 ist, geht mir nicht mehr aus dem Kopf!

Wir schreiben weiterhin Nachrichten und Bert betont immer wieder, wie wichtig ihm der christliche Glaube und das Leben nach biblischen Maßstäben sind. Für jemanden wie mich, die sich einen Mann wünscht, der Jesus liebt, ist das natürlich die perfekte Antwort. Allerdings klingt das schon zu perfekt. Hinter diesem Satz kann alles und nichts stehen. Also frage ich ihn beim nächsten Telefonat: „Was bedeutet das denn für dich, Bert? Was genau heißt es für dich, als Christ im Alltag zu leben?!"

Er erzählt von den Gottesdiensten in der katholischen Kirche, die er besucht. (Ein erster Minuspunkt, komme ich doch aus einer Freikirche und bin mir nicht sicher, was er von meiner Art des Glaubens halten würde.) „Ich habe zum Beispiel ein Bild der Heiligen Mutter Gottes über meinem Bett. Und auch ein modern angehauchtes Bild von Papst Johannes Paul II. Das ist mir sehr wichtig." WAS? Was ist denn ein modern angehauchtes Bild vom Papst?? Hat er eine Baseballkappe auf oder ist das Bild vor einem Strand mit dicken Palmen entstanden? Ich kann mir das alles überhaupt nicht so recht vorstellen – vor allem aber möchte ich in keiner Wohnung leben, wo der Papst über dem Ehebett hängt. Ich glaube, spätestens hier wird mir klar, dass ich mich nicht darauf einlassen möchte.

Der zweite Mann, mit dem ich recht bald telefoniere, ist Mark. Er beginnt zu reden und ich weiß sofort, dass er irgendwie nichts für mich ist. Mitten im Gespräch dann der Ober-GAU: die Leitung plötzlich tot. „O nein", denke ich, „jetzt denkt er, ich habe aufgelegt." So ist es auch. Als er wieder anruft, ist er etwas verschnupft, und ich erkläre: „Wenn ich nicht mit dir telefonieren will, dann sag ich das schon, anstatt einfach aufzulegen!" Okay, weiter geht's. Nach weiteren 15 Minuten ist die Leitung wieder unterbrochen. Ganz ehrlich? Das passiert mir sonst nie! Also was ist das hier? Ein Zeichen???

Mark und ich stellen erstaunliche Übereinstimmungen fest: dieselbe Arbeit, derselbe Arbeitgeber, nur in einer anderen Stadt, unsere Geschwister haben mit uns an ein und demselben Tag Geburtstag – Mark empfindet das als absolut wunderbar, ich bin eher semibegeistert. Auch ihn frage ich, warum er sich bei einem christlichen Singleportal angemeldet hat. Seine Antwort: „Weil da Frauen sind, die meine Werte teilen." Wenn das mal keine vage Antwort ist ... „Was genau gefällt dir denn an deiner Gemeinde oder an deinem Glauben?" Seine spontane Reaktion: „Also, ich mag zum Beispiel die Pfarrfeste!"

Äh, ich bin überrascht und schockiert. Sind meine Ansprüche zu hoch? Ich suche keinen Mann, der am christlichen Glauben nur die Pfarrfeste liebt. „Du bist viel zu engstirnig", sagt meine Freundin Dani. „Du erwartest, dass sie wie du Christ sind. Und dann haben sie vielleicht ein Bild vom Papst da hängen oder mögen Pfarrfeste und das ist dir wieder nicht gut genug!" Da hat sie recht. Was also tun? Einfach weitermachen? Wir telefonieren noch einmal. Im Laufe der Zeit stelle ich fest, dass mir das alles viel zu schnell geht.

Dann die Erkenntnis:

Innerhalb von einer knappen Woche habe ich sowohl mit Mark als auch mit Bert telefoniert, habe ihnen geschrieben und mich die ganze Zeit über hinreißen lassen. Allerdings nicht ohne Nebenwirkung, denn ich hab mich im Laufe der Woche immer schlechter gefühlt. Ich frage mich, warum das mit der Partnerbörse so anstrengend ist und warum es mir damit nicht gut geht. Erst war es lustig, das Ganze. Und dann hab ich mich immer öfter gefragt, was ich da eigentlich mache. Ich bekomme eine Nachricht von Bert, der mich weiter kennenlernen und mich treffen will.

An diesem Abend nehme ich den Stift in die Hand, hole das Tagebuch und sortiere mal. Dabei wird mir etwas Erschreckendes klar: Ich hab in dieser ganzen Spontanaktion gar nicht gefragt, was Gott davon hält. Ich hab gebetet, dass er mir Weisheit schenkt – bei den Telefonaten zum Beispiel –, aber ich hab ihn nicht in das große Ganze mit einbezogen. Und je mehr ich schreibe, desto klarer wird mir, warum ich mich so elend fühle. Ich hab die ganze Woche über Ja gesagt, obwohl alles in mir Nein geschrien hat. Ich habe Ja zu Telefonaten gesagt. Ja zum Rausgeben meiner Nummer. Ja zum Anrufen. Ja zum Treffen. Und jedes Mal dachte ich: Eigentlich will ich das nicht. Obwohl mir die Männer fremd waren, habe ich es nicht geschafft, Nein zu sagen.

Das erschreckt mich!! Denn das ist ein total ungesundes Verhalten, von dem ich dachte, dass ich es bereits abgelegt hätte. Stattdessen habe ich sie machen lassen und mich gefügt. Ohne zu sagen, dass es zu schnell ist oder ich nicht so weit bin.

Viel schlimmer finde ich jedoch, dass ich mich überhaupt in diesen Portalen angemeldet habe, obwohl ich momentan gar keinen Mann will. Das wird mir spätestens klar, als ich mit meiner Freundin Hanna darüber rede. Ich will keinen

Mann. Ich weiß nicht, wann ich einen haben werde. Aber gerade ist es nicht richtig.

Ich glaube, ich wollte zum einen wissen, wie es ist, jemanden an der Seite zu haben, so wie fast mein kompletter Freundeskreis das in meinem Umfeld hat. Und ich wollte vor allem – und das ist auch meine größte Angst – nicht irgendwann verzweifeln und mein Leben als sinnlos sehen, weil ich allein bin. Dabei hab ich vergessen, dass ich nicht so bin. Und dass es gar nicht so weit kommen muss. Ich hatte lediglich Angst, dass ich den Zeitpunkt verpasse, ab dem ich unzufrieden mit meinem Alleinsein werde, und es dann vielleicht zu spät ist, jemanden auf entspannte Art und Weise kennenzulernen. Aber dieses Gefühl hat mich die Woche über krank gemacht. Alles, was sich in mir breitmacht, ist das Gefühl von „Mir trampelt jemand in meinem Garten herum, obwohl ich ihn nicht durchs Tor bitten wollte". Und das ist nicht das, was ich will!

Diese Erkenntnis geht aber noch weiter. Denn jetzt muss ich Verantwortung übernehmen. Ich muss Bert erklären, dass ich keinen Kontakt mehr möchte, und mir überlegen, was ich ihm schreibe. Und Mark muss ich auch sagen, dass mir das alles zu schnell geht, dass ich nicht bereit bin für so ein zackiges Kennenlernen, weil ich grad gar nicht suche.

Ich liebe mein Leben, wie es ist. Ich weiß nicht, wie ich das vergessen konnte. Jetzt ist erst mal wieder Schluss mit Onlinedating. Und dieser Gedanke ist unfassbar entspannend!

PS: An dieser Stelle will ich noch einen Schwank aus meinem Leben erzählen, vielleicht inspiriert er dich ja!? Wenn du über Facebook Männer kennenlernen willst, dann empfehle ich dir, Posts von Fußballspielern zu kommentieren. Ja, richtig gelesen! Ich hab ein kleines Faible dafür, meinen Witz und

Senf in der Öffentlichkeit der sozialen Netzwerke weiterzugeben. Nach der EM 2016 habe ich zum Beispiel ein Bild auf der Seite des ehemaligen Nationalspielers Bastian Schweinsteiger kommentiert – es ging um Toni Kroos. In der folgenden Nacht passierten ungeheuerliche Dinge auf meinem Facebookprofil. Über 2,5 Tausend Menschen drückten unter meinem Beitrag auf „Gefällt mir" und am nächsten Morgen hatte ich über 50 Freundschaftsanfragen von Männern – die meisten aus dem arabischen und brasilianischen Raum. Wenn du also viele Männer – auch aus anderen Ländern – im Internet auf dich aufmerksam machen willst, ohne dabei ein zu großes Risiko einzugehen: Kommentiere Posts bei Fußballern, die du (inklusive ihrer Fans) mit deiner Weisheit und deinem Humor beglückst!

Hör auf damit, auf deinen Prinzen zu warten.
Geh los und finde ihn. Der arme Mann sitzt
vielleicht auf einem Baum fest oder so.

Unbekannt

Als ich ganz unkompliziert einen Mann kennenlernte

Männer entspannt kennenzulernen, finde ich im christlichen Kontext sehr schwierig. Sobald jemand in deiner Gemeinde ist, den du interessant findest (oder den andere für dich interessant finden!), scheinen die Leute dafür ein Radar zu haben. Du und er, ihr seid plötzlich auf einem Podest, und wer nach dem Gottesdienst eine Kaffeetasse in der Hand hält, sucht sich einen guten Beobachtungsposten. Ungefragte Kommentierungen inklusive.

Wie schon erwähnt, bietet auch das Internet zahlreiche Plattformen für die Männerpirsch. (Wem es wichtig ist, dass der Partner an Jesus glaubt, findet sogar christliche Singleportale.) Aber auch hier ist es keineswegs entspannt, jemanden kennenzulernen – zumindest empfinde ich das so. Bevor du überhaupt weißt, was der andere beruflich macht, habt ihr schon geklärt, ob ihr Kinder wollt, und noch bevor das zweite Date stattgefunden hat, wird eine Pro-und-Kontra-Liste erstellt, um herauszufinden, ob das der Mann ist, den du heiraten möchtest. Nicht nur ziemlich unrealistisch, sondern auch unfassbar mit Druck verbunden.

Wie soll man sich denn frei und locker kennenlernen, wenn direkt feststehen soll, ob das nun der Ehepartner wird oder nicht?! Das gilt übrigens auch für christliche Großevents: Statt einfach neue Leute zu treffen und zu überlegen, ob man lieber Volleyball spielen geht oder am Haus grillt, wird zunächst die Lage gecheckt: Trägt er einen Ring? Ist er alleine da?

Umso aufregender war es, als ich diesen Sommer tatsächlich einen Mann kennenlernte, bei dem all das nicht zutraf. Es war unfassbar entspannt. Wahrscheinlich auch deshalb, weil er gar nichts davon wusste! Und das kam so:

Wir hatten ausländische Gäste in der Gemeinde. Als ich in den Saal komme, stehen weiter vorne zwei von ihnen und leiten den Lobpreis. Ich bin direkt von der Arbeit hergefahren, um noch ein wenig Worship zu genießen, bevor ich am Abend selbst Musik machen soll. Während ich da hinten stehe, schaue ich mir die beiden vorne genauer an. (So viel zur heiligen Anbetung, an der ich mich erfreuen wollte …) Einer der beiden weckt meine Aufmerksamkeit. Er scheint ein großes Herz für Lobpreis zu haben. Ich sehe einen Mann, der wunderbar Gitarre spielt, eine tolle Stimme hat und offenbar voll für Jesus brennt. (Ja, für ein frommes Mädchen wie mich ein paar Pluspunkte! Auf meiner kleinen, bescheidenen Traummannliste steht unter anderem der Wunsch, dass er ein Instrument spielt und singen kann. Damit wir zusammen Musik machen können – oder er abends spielt und ich liege auf dem Sofa und höre zu. Perfekter Plan!)

Die beiden Lobpreis-Jungs sind die besten Freunde und im Laufe der nächsten Tage lernen wir uns etwas besser kennen. Coole Typen, die zufällig bei einer meiner engsten Freundinnen und ihrer Familie wohnen. Als ich ihr eine SMS schicke, schreibt sie völlig aus dem Zusammenhang: „Er hat übrigens keine Freundin." „Woher willst du wissen, ob mich das interessiert?", frage ich. Natürlich ist die Frage Unsinn, sie ist meine Freundin. Sie weiß es.

Als wir einige Tage später einen Kaffee trinken, sagt sie: „Ich überlege andauernd, wie ihr mehr Zeit miteinander verbringen könnt, um euch besser kennenzulernen! Aber die sind total eingespannt. Vielleicht können wir Sonntag alle zusammen grillen. Oder du kommst morgen zum Frühstück!" „Morgen ist Samstag und die müssen um 10 Uhr in der Gemeinde sein, weil sie da einen Workshop machen", sage ich. „Das ist also schon mal aussichtslos." „Wieso? Dann kommst du morgen zum Frühstück!" „Hast du mir nicht zugehört? Sie müssen um zehn in der Gemeinde sein!", sage ich noch einmal. „Ja, und? Dann kommst du halt um halb neun!" Ich schaue sie entsetzt an. „Bist du verrückt? Es ist Samstag!!! So früh steht man an einem Samstag nicht auf!!!" „Rebekka, wenn du Zeit mit ihm verbringen willst, musst du auch mal Opfer bringen!", wirft meine Freundin ein und schaut mich erwartungsvoll an. „Ich bin noch nie samstags bei euch zum Frühstück gewesen. Deine Tochter wird dasitzen und sagen: ‚Rebekka, was machst du hier? Du bist doch sonst nie zum Frühstück hier!'" „Macht nichts, die Jungs verstehen doch kein Deutsch", lacht sie.

Ich merke, ich habe keine Argumente mehr. Also stehe ich am Samstag unfassbar früh auf und mache mich halb schlafend auf den Weg zu meiner Freundin. Beim Frühstück sitzen wir mit ihrer Familie um den Tisch, erzählen, lachen und genießen die warmen Brötchen. Plötzlich meldet sich ihre siebenjährige Tochter vom anderen Ende des Tisches: „Rebekka, was machst du eigentlich hier? Du kommst doch sonst nie zum Frühstück zu uns!" Ich wusste es!!! „Deine Mama hat mich eingeladen", erkläre ich möglichst gelassen, ohne rot zu werden. Wie dankbar bin ich, dass niemand unser Gespräch ins Englische übersetzt!!!!

Nach einer Weile klingelt es an der Tür. Wenig später steht mein Pastor im Esszimmer, um die beiden Jungs abzuholen. Er begrüßt alle, sieht mich, stutzt und sagt: „Rebekka, was machst DU denn hier? Hast du hier geschlafen?!?!?!" Klar, denke ich, wo denn? Im Kinderzimmer oder zwischen den beiden Jungs??!? „Nee, ich bin zum Frühstück hier!" Skeptisch sieht er mich an: „So früh? An einem Samstag? Wer steht denn freiwillig so früh auf, nur zum Frühstücken?" „Kann ich nicht mal meine beste Freundin zum Frühstück einladen?!", springt die Gastgeberin mir zur Seite. Unser Pastor ist sichtlich verwirrt. „Klar, aber so früh??"

Das Thema ist damit beendet, aber ich überlege, wie hoch die Chancen stehen, dass er checkt, was hier läuft, und mich beim nächsten Treffen darauf anspricht. Ich tippe auf 82 %. Währenddessen verabredet meine Freundin mit allen, dass am nächsten Abend bei ihnen im Garten gegrillt wird. Immerhin wollen die Kinder mehr Zeit mit den beiden Jungs verbringen. Danke, Jesus, für ihre Kinder!! Kaum sind die ausländischen Gäste mit meinem Pastor aus der Tür, guckt meine Freundin mich an und sagt: „So, wen können wir denn als Alibi noch für morgen zum Grillen einladen?"

Ich liebe meine Freundin! Noch nie, wirklich nie, habe ich so unverkrampft mehr Zeit mit einem Mann verbringen können, den ich interessant fand. Anstatt eine große Nummer daraus zu machen, versucht sie einfach, Raum zu schaffen, damit wir uns unkompliziert sehen können – nicht mehr und nicht weniger. Das ist so unfassbar entspannt!

Am nächsten Tag fahre ich bei meinem Pastor vorbei, um die Gruppe mit den Jungs zum Grillen abzuholen. Da es noch nicht losgehen kann, sitzen wir im Garten. Nach einer Weile frage ich, worauf wir warten. Besagter Gast sei noch oben, wird mir erklärt. Nach zwanzig Minuten frage ich, ob nicht mal jemand hochgehen und ihm Bescheid sagen will, dass wir fahren wollen. „Er ist auf dem Klo, Rebekka, ist es das, was du wissen wolltest?" Nicht wirklich, aber okay.

Nach weiteren zehn Minuten sage ich zu seinem besten Freund: „Willst du nicht doch mal gucken gehen? Vielleicht ist er eingeschlafen." Wir lachen und warten noch ein bisschen. Dann erscheint der Vermisste oben an der Balkonbrüstung. Wie ein König, der zu seinem Volk spricht, schaut er zu uns herunter und sagt auf Englisch: „Erinnert ihr euch an die Geschichte von ‚Free Willy'? Willy ist jetzt frei!"

Uaaaa, ich weiß nicht, ob ich loslachen oder weglaufen soll!!! Wie mir später sein Freund bestätigt, hab ich nach diesem ziemlich offenen „Geständnis" geguckt wie ein Auto. Na, wer rechnet denn mit so was??? Aber eigentlich fand ich es doch ganz schön ehrlich und auch lustig. Meine Geschwister würden ihn jedenfalls sehr dafür mögen!

PS: Falls es dich interessiert: Aus dem Ganzen ist nichts geworden. Was aber überhaupt nicht schlimm ist. Ich hab's einfach genossen, wie es war: locker und unverkrampft. (Keine auffällig unauffällig guckenden Menschen um mich herum!!) Im Ernst: Es ist so toll, Freunde zu haben, die es mir ermöglichen, jemanden näher kennenzulernen, ohne gleich zu fragen, ob ich nach der Hochzeit ins Ausland ziehen wollen würde. Ist ein gutes Gefühl!

Angst los

Das Singledasein bedeutet nicht, dass wir nicht irgendwann romantische Gefühle für jemanden entwickeln. Da treffen wir jemanden, von dem wir denken, dass er der Richtige sein könnte, oder lernen jemanden kennen, mit dem wir gern mehr Zeit verbringen würden. Wenn du verliebt bist, es der Person sagst und sie dasselbe für dich empfindet, dann ist das toll. Leider kommt das nicht unbedingt häufig vor. Wenn es allerdings geklappt hat, würde das auch bedeuten, dass du wahrscheinlich kein Single mehr bist.

Was aber tun, wenn du verliebt bist? Wenn du feststellst, dass du mehr für jemanden empfindest? Möglicherweise kennst du ihn noch nicht lange, aber er haut dich um. Oder aber ihr seid seit der Grundschule befreundet und plötzlich merkst du, dass sich deine Gefühle für ihn geändert haben. Jetzt ist die Frage: ansprechen oder lieber schweigend abwarten? Und was macht man, wenn man eine Abfuhr erhält?

Ich bin der Meinung, dass es hilfreich und sogar wichtig ist, ehrlich zu sein.

Jetzt kann man leicht zu dem Schluss kommen, dass ich leicht reden habe. Kann sich ja jeder hinsetzen, ein Buch schreiben und dann behaupten, dass man ganz unbedingt rausposaunen sollte, dass man verliebt ist. Ich kann dir nicht sagen, was du tun sollst, und ich kenne auch deine individuelle Situation nicht. Deshalb kann ich nur von meiner Erfahrung erzählen.

Ich war ehrlich gesagt noch nicht so oft verliebt. Aber ich war es. Und ich habe festgestellt, dass es relativ leicht ist, sich seinen eigenen Gedanken hinzugeben. Das können tausend verschiedene Überlegungen sein. Über einen Zeitraum von fast zwei Jahren habe ich immer und immer wieder das Für und Wider abgewogen. Ich habe Argumente gesammelt, die für oder gegen meine Gefühle sprachen. Ich habe versucht, das Ganze rational anzugehen. Nur um dann festzustellen, dass es bei Gefühlen schwer ist, rational zu sein. Am Ende hätte ich das stundenlang diskutieren können, hatte für jeden erdenklichen Fall eine Antwort und war sicher ein Duzend Male kurz davor, demjenigen von meinen Gefühlen für ihn zu erzählen, nur um dann wieder zu warten und das Ganze einfach noch ein wenig auszuhalten. Meine Argumente kamen mir dabei äußerst logisch vor. Und wenn mir eine Freundin geraten hat, endlich aktiv zu werden, habe ich das immer wieder abwiegeln können.

Um es nicht weiter spannend zu machen: Ich habe meine Gefühle dann doch irgendwann geäußert. Sicherlich nicht das Einfachste der Welt, aber extrem wichtig, wie ich finde. Denn was hilft es mir, in meinem Alltag als Single Luftschlösser zu bauen und in Gedanken immer wieder etwas rein Hypothetisches zu durchdenken, wenn ich am Ende gar nicht sicher wissen kann, wie es ausgeht? Du weißt nicht, ob er nicht trotz aller Bedenken ähnlich für dich fühlt. Woher sollst du wissen, ob er tatsächlich so abgeneigt ist, wie du vermutest? (Notiz am Rande: Überleg dir mal, warum du denkst, dein Gegenüber könne nicht mehr für dich empfinden – und dann denk noch mal über deinen Selbstwert nach. :) Das Einzige, was dir tatsächlich eine Antwort gibt, ist, wenn du es offen sagst.

Ich glaube, die Gefahr unter Christen ist, dass wir schnell denken, dass Gott das für uns übernehmen soll. „Wenn du wirklich willst, dass wir uns näher kennenlernen, dann gib ihm doch ein Zeichen!" Oder wir denken: „Also ehrlich, Gott, wieso sollte ich was sagen? Zeig du ihm doch, dass es mit uns ernster werden könnte!" Dabei vergessen wir nur zu gerne, dass Gott uns unsere eigenen Entscheidungen treffen lässt. Sicher kann er zu beiden reden und den Wink mit dem Zaunpfahl höchstpersönlich übernehmen. Vielmehr traut er uns aber durchaus zu, das selbst zu übernehmen. Solange du nichts sagst, wirst du nie erfahren, was dein Gegenüber darüber denkt.

Und ja, ich weiß, es gibt schönere Dinge, als einen Korb zu erhalten. Aber ganz ehrlich? Ich habe festgestellt, dass es auch durchaus Schlimmeres gibt. Denn ein Nein ist etwas, womit ich „arbeiten" kann. Ja, es ist traurig. Und ja, wir dürfen durchaus über diese Form des Verlustes trauern. Das ist völlig okay. Iss Eis und schau dir einen Film an, geh mit deinem Kumpel ein Bier trinken, sei traurig! Aber mit der Zeit wirst du merken, dass es auch ein Stück Befreiung mit sich bringt, da bin ich sicher! Erst jetzt kann ich das Ganze (oder „ihn") loslassen. Und dabei passiert noch etwas viel Wichtigeres: Anstatt mich weiter in meinem Luftschloss aufzuhalten, werde ich frei für jemand Neues. Ich werde offen, jemand anderes kennenzulernen. Also ist dieses offene und ehrliche Bekennen der eigenen Gefühle durchaus ein wichtiger Schritt – egal ob du mit ihm eine Beziehung anfängst oder loslassen musst.

Noch etwas. Ein weiterer Punkt, der nur uns Christen passieren kann. Vielleicht hast du dich selbst einmal bei dem Szenario ertappt: „Er hat mir eine Abfuhr gegeben? Aber bei Gott ist doch alles möglich! Wer weiß, vielleicht spricht er ja doch noch zu ihm und er erkennt, dass ich die Richtige für ihn bin?!" – Ja, Gott ist groß. Und bei ihm ist alles möglich. Der Gedanke an sich ist aber wenig hilfreich, wenn es darum geht, jemanden loszulassen. Es ist müßig, sich darüber den Kopf zu zerbrechen, was alles noch geschehen kann. Ich ermutige dich, statt dieser Gedanken ehrlich mit Gott zu reden. Bring ihm deine Gefühle, dein Gedankenchaos. Sprich mit ihm darüber, wie es dir geht, und übergib die Frage nach deinem Partner ihm. Vertrau ihm, dass er schon längst weiß, wie es in Sachen Partnerschaft für dich weitergehen wird.

Wie gesagt: Es ist vollkommen in Ordnung, ein paar Tage oder Wochen traurig zu sein – Gefühle ändern sich nicht auf Knopfdruck. Trauere um den Verlust, um das, was hätte sein können. Das gehört mit zu dem Prozess, den anderen loszulassen. Es mag verrückt sein, einem anderen die eigenen Gefühle zu offenbaren. Aber am Ende ist es weit weniger dramatisch, als ich dachte. Ich brauche das nicht jede Woche, aber es ist okay! Es bringt eine neue Freiheit mit sich, es gibt dir die Chance weiterzugehen. Und deshalb meine Ermutigung: Sprich darüber! Sei ehrlich!

Mir ist bewusst, dass ein Korb nicht gleich Korb ist. Du kannst auf jemanden treffen, der dir sehr wertschätzend gegenüber ist und dir einen Korb gibt, der fast schon wieder positiv ist. Du kannst aber auch an jemanden geraten, der weit weniger erwachsen oder entspannt mit dieser ganzen Romantiksache umgeht. Aber: Wenn du es nicht probierst, wirst du es nie erfahren!

Ich geb's zu: Ich hatte weder vor, meinem Gegenüber zu bekennen, was ich für ihn empfinde, noch hatte ich vor, darüber offen in einem Buch zu schreiben. Ich kann gar nicht sagen, was davon ich weniger geplant hatte! Manchmal überrasche ich mich halt doch auch selbst. Aber während dieses Prozesses, in dem ich mich wieder wie 12 gefühlt habe und von all den Gefühlen, Gedanken und dem Adrenalin völlig überfordert war, habe ich so viel lernen dürfen.

Zum Beispiel hat mich auch ein ganz neuer Gedanke überrascht: Ich bin gespannt, wen ich am Ende kennenlernen werde und wer er eigentlich ist, mein Mann. Ich merke, dass ich mich auf das freue, was Gott geplant hat. Er hat eine Menge Humor und kommt zu den ungewöhnlichsten Zeiten an den verrücktesten Orten mit Sachen um die Ecke, mit denen ich nie gerechnet hätte. Aber er ist souverän. Und deshalb freue ich mich auf den Prozess, wenn der richtige Mann dann auf der Bildfläche erscheint (egal ob es vier Jahre oder vierzig dauert). Auf dieses Sich-wieder-wie-12-Fühlen freue ich mich nicht, das ist mir auf Dauer echt zu anstrengend. Aber das gehört wohl dazu! Es ist nicht unbedingt ein leichter Prozess, vor allem wenn er eine Abfuhr mit sich bringt. Aber dieser Schritt ist notwendig, um weitergehen zu können. Deshalb: Sei ehrlich!

Mein Fazit?

Am Ende glaube ich, dass wir – jeder für sich – selbst herausfinden müssen, wer oder was wir sein wollen. Sehe ich mich als Ehefrau und Mutter? Wenn ja, dann sollte ich schnellstens anfangen, für meinen Mann zu beten. Und gleichzeitig auch bitten, dass Gott ihn vorbeischickt – egal ob mit Pferd oder ohne. Vielleicht aber sehe ich mich gar nicht als Ehefrau und schon gar nicht als Mutter? Ich weiß, das kommt in Gemeinden selten vor. Und doch ist es möglich, ohne gleich schon mit Mitte 30 das Leben einer alten Jungfer zu führen!

Manchmal kommen mir Zweifel, ob es tatsächlich einen Mann geben wird, der sich für mich und meine Geschichte interessiert. Will er die Schlachten hören, die ich in meinem Leben bereits geschlagen habe? Will er teilhaben an den Kämpfen meines Alltags und dann auch bleiben? Wenn diese Zweifel kommen, merke ich, dass sie Rückschluss auf meine Identität und den Wert geben, den ich mir selbst beimesse.

Wenn ich gerne bin, wer ich bin, und weiß, wie ich zu der Person geworden bin, die ich heute bin, dann sollte ich nicht daran zweifeln, dass all das einmal jemand sehen und lieben wird, oder?

Wenn du Angst hast, dass deine Kämpfe und Baustellen zu groß für jemand anderen sein könnten, dann mach dir bewusst, dass Liebe den Verstand übersteigt. Du hast deine Vorgeschichte? Die hat dein Zukünftiger auch. Ich kann mir manchmal nicht vorstellen, wie ich jemanden lieben soll, der „zufälligerweise" dasselbe für mich empfindet. Aber ich muss das auch alles nicht im Detail durchdenken können. Manchmal hilft es, unbedarft an die Sache ranzugehen. Freu dich über das, was und wer du bist. Wie könnte jemand deine Einzigartigkeit und dein Wesen nicht lieben? Liebe ist verrückt und manchmal ohne Verstand oder Logik. Und so dürfen wir uns entspannt zurücklehnen, wenn wir noch nicht verheiratet sind.

Egal ob ich mir schon immer einen Mann und eine Familie erträumt habe oder nicht, ich glaube, dass Gott nur das Beste für uns hat. Wir dürfen ihn natürlich um einen Partner bitten. Gleichzeitig will ich aber auch offen sein, falls gerade andere Dinge dran sind. Denn ich bin überzeugt, dass ich nicht ein schlechteres Leben führe, nur weil aus dem Plan von Mann und Familie (noch) nichts geworden ist. Es gibt genügend Menschen, die sich erst im Mittelfeld ihres Lebens kennenlernen und eine Beziehung beginnen. Manch einer heiratet erst dann, wenn es für Kinder im Lebensplan zu spät ist. Das heißt aber doch nicht, dass sie ein minderwertiges Leben führen. Ich glaube sogar, dass es sehr gefährlich ist, so zu denken. Denn dann füllen wir unser Leben mit den falschen Dingen.

Mir fällt es schwer zu sagen, dass Gott mir genug ist. Gott ist nicht mein Mann, nicht mein Partner. Seine Liebe zu uns steht auf einem ganz anderen Level. Und doch weiß ich, dass er uns die Fülle, die Freude und die Freiheit geben kann, die wir uns wünschen. Es wird immer Tage geben, an denen wir uns alleine und einsam fühlen. Es wird immer wieder Tage geben, an denen ich keine Kraft mehr habe, meine Schlachten scheinbar alleine zu schlagen, und entmutigt aufgeben will. Aber das geht auch Menschen innerhalb einer Beziehung oder Ehe so! Wichtig ist, dass wir uns nicht darin hängen lassen. Einsamkeit fühlt sich furchtbar an. Sich verloren zu fühlen inmitten von Paaren ist ein unangenehmes Gefühl. Ruf eine Freundin an, verabrede dich mit deinem Kumpel, frag deine Freunde, ob ihr zusammen einkaufen geht, ins Kino oder einfach nur nebeneinander auf dem Sofa sitzen wollt, um zu lesen.

Ob Beziehung oder (noch) nicht – das Leben ist viel zu schön, als dass wir denken sollten, dass Plan B nicht gut genug ist. Vielleicht verstehen wir es erst rückwirkend – und vielleicht erfüllt sich der Traum von Mann und Kindern auch noch. Doch wenn nicht: Es gibt noch andere Wege und die sind ebenso gut!

Wenn ich es recht bedenke, gilt es lediglich, die Angst zu besiegen. Die Angst, alleine zu sein, zurückgewiesen, unattraktiv, abgestempelt und einsam. Die Angst vor Bloßstellung (alle wissen, dass mich keiner will), vor Einsamkeit (eine Woche alleine Urlaub? Wie blöd kann es noch werden?) oder vor der Last (was, wenn es zu viel wird, und niemand da ist, um sie mit mir gemeinsam zu bewältigen?).

Gott weiß das. Deshalb hat er dafür gesorgt, dass wir in der Bibel an vielen Stellen lesen, wie er uns hilft, wenn wir Angst haben. Eine meiner liebsten Bibelstellen ist Jesaja 43,1: „Fürchte dich nicht, ich habe dich befreit! Ich habe dich bei deinem Namen gerufen, du gehörst mir!" Auch im Neuen

Testament ermutigt er uns immer wieder, uns nicht von Angst leiten zu lassen. Angst kommt nämlich nicht von Gott. In 2. Timotheus 1,7 steht: „Denn Gott hat uns nicht einen Geist der Ängstlichkeit gegeben, sondern den Geist der Kraft, der Liebe und der Besonnenheit." Wie cool das ist!!

Angst will uns lähmen, sie hindert uns, das Leben zu führen, das wir führen könnten. Angst will uns kleinmachen, redet uns schlecht und hält uns fest. Diese Ängste gilt es zu überwinden und Gott zu vertrauen, damit wir ein erfülltes und befreites Leben führen können – egal ob als Single oder in einer Beziehung.

Traummänner

Mädels, Hand aufs Herz: Jede von uns hat eine Liste, wie der eigene Traummann aussehen soll, oder?! Und wenn nicht auf Papier, dann wenigstens im Kopf! An dieser Stelle ist Platz für eure ganz eigene Liste. Ich hab so eine schon, wie mein Mann werden soll. Nicht um, wenn er da ist, alles fein säuberlich überprüfen und abhaken zu können. Sondern um mir vor Augen zu halten, was mir wichtig ist, und dafür zu beten. Sollte also ein potenzieller Kandidat kommen, hilft euch die Liste vielleicht dabei, euch zu erinnern, worauf ihr wirklich Wert legt. Liest ja keiner, also schadet es nicht, sich mal ehrlich anzuschauen, wie der Traummann aussieht, oder?!

Meine Liste sieht zum Beispiel so aus:

Wie mein Traummann sein soll:

- [ ] humorvoll
- [ ] ein Instrument spielen
- [ ] Jesus lieben
- [ ] Er braucht ein Herz für eine kreative Bastelfrau und deren verrückte Ideen. (Als Kompromiss schlage ich vor, dass keine Wand daheim rosa wird!!)
- [ ] Er muss meine Freunde mögen.

Und jetzt du:

Mein Traummann:

- [ ] _____
- [ ] _____
- [ ] _____

JESUS & ICH

Über die Arche Noah, Gemeinde
und Wertvollsein

Singles und Gemeinde – eine Tragikomödie?!

Es ist Sonntag. Nach dem Kindergottesdienst kommst du aus dem Raum voll lärmender Kinder und wünschst dir einen Augenblick Pause. Nur eine schnelle Apfelschorle, dann willst du dich auf die Suche nach deinen Freundinnen machen. Doch bevor du überhaupt weißt, wie dir geschieht, kommt eine Frau aus der Gemeinde angerauscht, packt dich am Handgelenk und zieht dich mit sich. „Ich muss dir unbedingt jemanden vorstellen, Rebekka!" „Warum? Warum jetzt?", fragst du, ohne eine Antwort zu erhalten.

Am Ziel angekommen, bleibt die Bekannte freudestrahlend stehen, lässt endlich dein Handgelenk los und sagt: „Rebekka, das ist Markus! Markus, das ist Rebekka!" Etwas betreten seht ihr euch an, begrüßt euch freundlich und verstummt dann. Die Bekannte verlässt den Schauplatz nicht, sondern bleibt erwartungsvoll stehen und guckt wie auf dem Tennisplatz zwischen euch beiden hin und her. „Markus ist auch Single. Toll, oder?", sagt sie schließlich in die Stille hinein. Ja, wirklich toll. Und überhaupt nicht peinlich oder so.

Ja, ich weiß, sie meint es gut. Aber mal im Ernst: Wieso sagt sie nicht einfach: „Wir gehen heute Abend was essen, magst du mitkommen?" Könnte sie ja Markus und dir unabhängig voneinander erzählen und es euch so ermöglichen, euch in einem etwas angenehmeren Rahmen kennenzulernen, oder?

Oder sie fragt euch, ob ihr einen Kaffee trinken und euch mit ihr und anderen Leuten an einen Tisch setzen wollt.

Nein, lieber wartet sie darauf, dass ihr endlich euer Glück ergreift, zu dem sie euch gerade so spielend leicht verholfen hat. Du könntest wirklich ein wenig dankbarer sein, meinst du nicht?! Stattdessen überlegst du noch immer, wie du aus dieser Situation rauskommst – und an Markus' Gesicht kannst du ablesen, dass es ihm ähnlich geht.

Das ist nur eine von vielen solcher Situationen, von denen Singles erzählen könnten – egal aus was für einer Gemeinde sie kommen.

Ich muss gestehen, dass es manchmal gar nicht so einfach ist, als Single zwischen lauter Paaren und vor allem Ehepaaren zu leben. Gerade im Kontext der Gemeinde scheint es in den vergangenen Jahren ein überaus beliebter Trend zu sein, schon mit 21 verheiratet zu sein. Wer erst mit 24 heiratet, ist ein Spätzünder. Bereits mit 21 besuche ich innerhalb von zwei Wochen zwei Hochzeiten. Ein Kinderspiel, wie ich später feststelle, denn als ich 25 bin, sind es in drei Monaten sechs Hochzeiten.

Am Ende dieses an Hochzeiten so reichen Sommers muss ich mir und meinen Freundinnen eingestehen: Es ist doch irgendwie immer dasselbe. Die Braut kommt rein, es wird Ja gesagt, es wird Sekt getrunken und gefeiert und dann gehen alle wieder nach Hause. Liebe Brautpaare, ich weiß: Euer Tag ist der EINE besondere, der, den es nicht noch einmal geben wird auf dieser Welt. Aber für uns Singles ist es eine sich immer wiederholende Ablaufkette an Geschehnissen. Zunächst die bange Frage, wie die Sitzordnung aussieht. Vor jeder Hochzeit sage ich mir: „Hauptsache nicht der Singletisch!" Nach erstem Aufatmen, dass ich dort NICHT platziert bin, muss ich nach spätestens der dritten Hochzeit feststellen, dass es auch nicht soooo toll ist, wenn man nur mit jungen Paaren am Tisch sitzt. Das macht die Hochzeiten irgendwie anstrengend, weil sie über Familienplanung, ihre eigenen Hochzeiten und den Kredit für ein neues Auto sprechen. Und zwischendurch widmen sie sich der Suche nach einem Mann für den armen Single am Tisch: „Wäre doch gelacht, wenn wir für dich hier keinen finden würden, Rebekka!" „Oh, äh, das ist nett. Danke, aber nein danke!"

Vielleicht liegt es daran, dass ich mich noch nicht so alt fühle, wie manche mich wohl sehen. Ich bin glücklich mit meinem Leben! Und während manche Freundin oder Bekannte (die wenigen, die älter als 24 und noch Single sind) immer mehr verzweifeln, verstehe ich ihr Problem zwar sehr gut, empfinde aber auch, dass das Leben als Single viele Vorteile hat. Oder? Es ist doch toll, alleine zu sein! Ich kann machen, was ich will und wann ich es will. Ich will verreisen? Ich möchte mit Freundinnen ausgehen? Niemand, mit dem ich mich vorher abstimmen müsste!

Allerdings sehen das nicht alle so. Selbst die 21-Jährigen in meinem Umfeld wünschen sich nichts mehr, als endlich verheiratet zu sein. „Ich beneide meinen Kumpel, der schon verheiratet ist." Der verheiratete Kumpel ist natürlich auch erst 21. Also ehrlich – entspannt euch! Ihr seid doch grad erst mit der Ausbildung fertig!

Doch in der Gemeinde ist das so eine Sache. Ganze Predigtreihen drehen sich um Familien, um Erziehung und um die Ehe. Da wird Paulus ebenso häufig zitiert wie – na ja, eigentlich ist es meist Paulus. Ich habe in den vergangenen Jahren sonntags mehr über Ehe und Familie gelernt als manch anderer in seinem ganzen Leben. Ich weiß, wie Kinder mit christlichen Werten aufwachsen sollen. Ich weiß, wo die Tücken einer noch jungen Ehe liegen, und ich weiß auch, dass eine zweite Heirat oder Scheidung heikle Themen sind, von denen doch mehr betroffen sind, als einem lieb ist. Das alles mag für 70% der Gemeinde spannend und lehrreich sein, ich selbst aber ziehe für meinen Alltag recht wenig aus diesem Input.

Eine ganze Zeit lang habe ich versucht, die Impulse zur Erziehung in meinen beruflichen Alltag mit Kindern und Familien zu integrieren. „Liebt eure Kinder, auch dann, wenn sie eure Wände mit Wasserfarben bemalt haben und sagen: ‚Guck mal, Mami!'" – Also liebe ich die Kinder bei der Arbeit, auch wenn sie meine Klamotten vollschmieren, Schreianfälle bekommen und sich weigern, ihre Hände vor dem Essen zu waschen. „Liebe deinen Partner, so wie Christus die Gemeinde geliebt hat!" – Ähm, okay, kein Problem! Ich begegne also meinen Mitmenschen mit Geduld und Freundlichkeit, anstatt mich unfreundlich zu verhalten. Spätestens bei Punkt drei einer Predigt: „… verlässt ein Mann seine Eltern, um mit seiner Frau zusammenzuleben und mit ihr eins zu sein", verlassen mich hingegen die Ideen, wie ich das, ohne anzuecken, in meinen Alltag bringen kann. Ich will weder bei irgendwem einziehen, noch möchte ich mit wem eins werden – wäre in meiner Lebenssituation durchaus unangebracht, denke ich. Also höre ich mir die Predigten an und erfreue mich am Lobpreis.

Eines möchte ich an dieser Stelle kurz klarstellen: Ich glaube, dass es extrem wichtig ist, dass Familien im Fokus einer Gemeinde sind. Die Gesellschaft zeigt mehr und mehr, welche großen Auswirkungen instabile und kaputte Familienstrukturen auf den Einzelnen haben. Umso wichtiger ist es, Paare und Familien zu stärken. Wobei die Frage bleibt, was mit den Singles passiert.

Ja, wir Singles haben es in der Gemeinde gar nicht so leicht. Aber wir selbst stellen uns auch nicht immer besser an, oder? Beispiel: Du wirst von einem Bekannten aus deiner Gemeinde angerufen. Er will dir was sagen, dauert nicht lang. Als du auflegst, rufst du sofort deine beste Freundin an. „Was? DAS hat er gesagt? Was könnte das zu bedeuten haben?" „O no, ich glaube, er ist in mich verliebt! Was mach ich denn jetzt?" Keine Panik, denkst du dir, alles wird gut. Was soll schon passieren. So oder so ähnlich würde es uns Frauen gehen.

So albern und banal das Beispiel mit diesem Bekannten erscheinen mag, es zeigt wunderbar, wie bescheuert wir uns im Kontext Gemeinde manchmal verhalten. Wenn es schon SO losgeht, frage ich mich, warum sich Singles in Freikirchen ernsthaft darüber wundern, wie schwer es ist, jemanden unverkrampft kennenzulernen! Geht ja auch nicht, wenn man gleich Liebesgeständnisse befürchtet, nur weil jemand um ein Treffen und 15 Minuten Zeit bittet! Und selbst wenn du dir nichts dabei denkst, stehen die anderen schon parat: Sofort wird gemunkelt und geredet. „Hast du das gesehen? Ich glaube, da läuft was! Wieso sollten sie sich sonst ein paar Minuten alleine beim Kaffee unterhalten? Und hast du bemerkt, wie er sie angeschaut hat? Da geht auf jeden Fall etwas!!" – Wie willst du da unbefangen mit jemandem ins Gespräch kommen?

Und Angebote für Singles? Die sind meistens auch nicht lockerer. Das andere Geschlecht wird abgecheckt und alle wissen, dass sie nur aus dem Grund da sind, weil sie (noch) keinen Partner haben. Wie also sollen sich Singles entspannt und ohne Druck finden? Das sollte doch irgendwie möglich sein, oder?

Das Ding ist, dass Gemeinde (un)bewusst Ehe und Beziehung und Familie als Norm voraussetzt. In dieser Atmosphäre musst du es dir erkämpfen, dein Singleleben genießen zu dürfen! Der Witz dabei ist jedoch, dass Gemeinden diese Art Kreislauf nur durchbrechen können, wenn sie diesen ernst nehmen. Das tun allerdings die wenigsten. Pastoren sind in der Regel verheiratet und engagieren sich im Bereich Ehe und Familie. Für die meisten Gemeindeleiter besteht also oft nicht die Notwendigkeit, an dieser Art des Kreislaufes etwas zu verändern. Es besteht für sie keine Notwendigkeit, auf die Singles einen anderen Fokus zu setzen als den, sie auf ein Leben in einer Beziehung vorzubereiten. Verrückte Welt!

Ich glaube, dass Veränderung hier schwer zu erreichen ist. Man kann nicht einfach einen Gesprächskreis für Singles ins Leben rufen – der wird im Nullkommanichts zur Singlebörse. Man könnte aber Angebote unterstützen wie das gemeinschaftliche Wohnen, bei dem Leben geteilt wird, egal ob die Menschen in Beziehung sind oder nicht. Solche Angebote in einer Gemeinde gäben den Singles zumindest nicht das Gefühl, dass in ihrem Leben etwas Wesentliches fehlt oder sie unvollständig sind.

Man sollte also mal etwas FÜR das Singleleben tun und nicht immer nur „dagegen". Singles sind doch vollständige Menschen. Anstatt so viel Energie dafür zu verwenden, den Singles den passenden Partner zu suchen, sollte in Gemeinde viel mehr eine entkrampfte und entspannte Atmosphäre herrschen, in der Freundschaften entstehen können – egal ob daraus später eine Beziehung entsteht oder nicht. Doch um das zu schaffen, muss den Leitern der Gemeinde (und auch allen anderen!) erst einmal bewusst werden, dass …

1. das Singleleben nichts Schlechtes ist,
2. es nicht unbedingt beendet werden muss,
3. es andere Lebensformen als Ehe und Familie gibt, die ebenso l(i)ebenswert sind, und
4. dass der Fokus ein anderer werden muss.

Wenn der Fokus nur auf Ehe und Familie liegt, ist es für Singles noch viel schwerer, ihren Platz in der Gemeinschaft, in der Gemeinde zu finden. Wenn sie das Gefühl erhalten, das Ziel (nämlich Ehe und Familie) noch nicht erreicht zu haben, hängen damit auch immer Scham und Unsicherheit zusammen – was falsch ist, weil der Lebensstil als Einzelstück nichts Falsches ist.

Ich behaupte, dass durch die Strukturen, die häufig in einer Gemeinde herrschen, Singles eher unter Druck gesetzt werden, anstatt sich über ihr Leben zu freuen. Und dass ihnen leider auch häufig das Potenzial, das in ihrem Leben steckt, aberkannt wird (wenn auch unbewusst) – nämlich indem ihnen suggeriert wird, dass ihr Leben erst mit Partner und Familie vollständig ist.

In solchen Momenten, in denen mir das bewusst wird, ärgere ich mich darüber. Weil es mein Leben unnötig verkompliziert. Und weil ich mir wünsche, dass ich, wenn es so weit ist, einen anderen Christen ganz entspannt kennenlernen kann, ohne dass geredet, ohne dass Druck aufgebaut wird. Es ärgert mich aber vor allem, weil ich durch diesen Kreislauf und diese scheinbar vorausgesetzten Normen das Gefühl bekomme, mich für mein Leben als alleinstehende Person rechtfertigen oder sogar entschuldigen zu müssen. Ich muss nicht erklären, warum ich Single bin. Ich muss mich dafür auch nicht entschuldigen oder mich schuldig fühlen. Umso ärgerlicher, dass überhaupt Energie dafür draufgeht, mein Leben als Frau ohne Partner zu verteidigen.

An dieser Stelle würde ich mir für all die Singles wünschen, dass unsere Gemeinden dafür sensibilisiert werden und dass es Angebote gibt, die Raum lassen und Ideen und Inspiration bieten für ein erfülltes Leben alleine, anstatt immer nur das anzubieten, was am Ende nur ein Ziel hat: der Ehevorbereitungskurs mit dem dann passenden Partner.

Wäre ich ein absolut fanatisch liebender Hundefan und

überzeugt davon, dass das Leben nur mit einem tierischen Freund erfüllt ist, gehe ich doch auch nicht von einem zum anderen und frage die Menschen ohne Hund: „Bist du sehr traurig, dass du keinen Hund hast?" Warum also wird der Fakt, dass man alleinstehend ist, zu solch einem großen Thema gemacht? Warum schlagen uns Menschen, die wir vielleicht erst ein- oder zweimal im Leben gesehen haben, schon vor, dass sie sich mal umhören in ihrem Bekanntenkreis? „Ich kann dir einen Mann suchen, ich überleg mal!" Da wird sofort vorausgesetzt, dass man nur mit Partner glücklich sein kann.

Manchmal aber würde ich noch lieber wissen, was Jesus denkt. Er war schließlich auch Single. (Und da wir ihm ja immer ähnlicher werden wollen, kann das ja nicht das Schlechteste sein! Nein, ich will damit NICHT sagen, dass Single sein das einzig Wahre ist!) Aber wenn Jesus doch nun einmal Single war, dann sollte man doch meinen, dass er Tipps und Tricks weitergibt, um als Single gut durchs Leben zu kommen, oder?

Eines habe ich beispielsweise von ihm gelernt: Wenn er Ruhe brauchte, dann hat er sich die genommen. Es kamen Menschen zu ihm, die um Heilung gebeten haben, die mit ihm sprechen und Zeit mit ihm verbringen wollten. Es wäre ein Leichtes gewesen, all diesen Wünschen nachzukommen. Stattdessen hat Jesus sich regelmäßig Zeiten genommen, in denen er alleine war. Zeiten, in denen Raum für ihn und die Begegnung mit seinem himmlischen Vater war. Er suchte die Stille, um für sich zu sein. Das hat nicht jeder verstanden. Aber das war ihm egal – er hat es einfach gemacht.

Meine Erfahrung ist, dass von Singles häufig erwartet wird, dass sie immer Zeit und Kapazitäten haben. Zeit, in der Gemeinde zu helfen, Zeit und Kraft, sich zu engagieren. Schließlich sind wir weder Mutter noch Ehemann, die nach der Arbeit Zeit mit dem Partner verbringen oder sich um die Kinder kümmern müssen. Wir haben doch Zeit und nichts Besseres zu tun, oder?

Ich habe bei mir und auch im Leben anderer Singles oft erlebt, dass andere wie selbstverständlich davon ausgehen, dass wir uns investieren. Dass wir aber ebenfalls den Haushalt machen, einkaufen und anderen Aufgaben nachgehen müssen, Beziehungen pflegen oder ausruhen wollen, wird schnell vergessen. Ich glaube, dass das ein unbewusstes, aber fatales Verhalten ist. Nur weil ich Single bin, bedeutet das nicht, dass ich mehr Kraft oder Zeit als Paare oder Familien habe. Das bedeutet nicht, dass mein Nein und meine Grenzen nicht zählen. Es ist schade, dass es dieses Denken überhaupt gibt. Warum gilt mein Nein zu einer Anfrage um Hilfe weniger als das Nein eines Familienvaters? Das ist ein verschrobenes und unfaires Denken.

Ich habe lange gebraucht, um zu verstehen, dass es in Ordnung ist, wenn ich Nein sage. Ich muss mich nicht rechtfertigen. Ich habe genauso das Bedürfnis nach Pausen und Ruhe und Erholung wie andere. Wenn ich heute einer Freundin absage und sie jemand anderes um Hilfe bitten muss und ich in der Zeit an den See fahre, dann muss das okay sein. Und wenn nicht, dann muss ich mich dafür zumindest nicht rechtfertigen. Nur du allein kennst die Schlachten, die du täglich schlägst, und die Umstände deines Lebens. Also darfst du auf diese auch reagieren und dementsprechend handeln.

Das schlechte Gewissen versuche ich dabei außen vor zu lassen. Wenn sogar Jesus Menschen manchmal nicht geheilt hat, um in Ruhe auf den See zu fahren oder sich zum Gebet zurückzuziehen, dann ist mein Nein vollkommen in Ordnung.

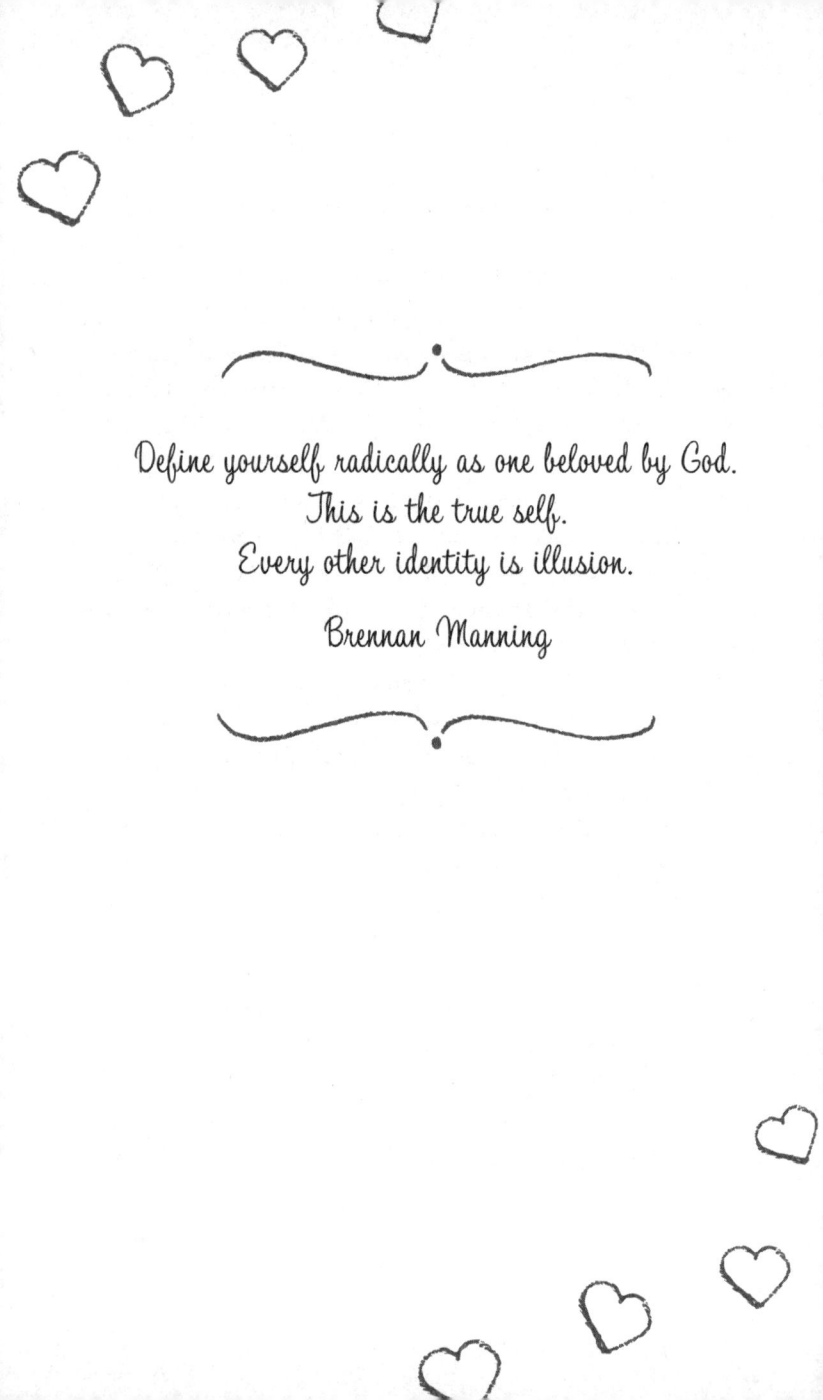

Define yourself radically as one beloved by God.
This is the true self.
Every other identity is illusion.

Brennan Manning

Wenn Single sein nicht reicht

Als Single bekommt man ja manchmal Dinge um die Ohren gehauen, die echt absurd sind. „Warum bist du eigentlich noch Single? Das hast du doch gar nicht nötig!" Stimmt, hab ich echt nicht nötig. Vielleicht sollte ich beim nächsten Mal, wenn ich einen Mann kennenlerne, sagen: „Weißt du, wir sollten eine Beziehung führen. Ich hab es nämlich echt nicht nötig, Single zu sein – und du sicher auch nicht!" Ob das wohl funktionieren würde?

Interessant werden Gespräche mit anderen aber vor allem dann, wenn sie uns erklären, warum wir Single sind. „Geh doch mal endlich wieder zum Friseur. Du wirst sehen, die Männer werden auf dich fliegen!", kommt da als Tipp. Oder: „Such besser nicht. Einen Partner findet man immer erst dann, wenn man gar nicht damit rechnet!" Bedeutet also: Wenn du verzweifelst und endlich den Mann fürs Leben finden willst: Hör auf damit!!!! Nach etwa 25 Tagen wirst du keine Verzweiflung mehr ausstrahlen und schon wird er kommen. Also: Hör sofort auf zu suchen!!

Witzig, da fragt sich manch eine, warum sie seit Jahren Single ist, dabei müsste sie nur die richtigen Leute fragen. Die können dir das ganz genau erklären! In solchen Momenten überlege ich, ob ich nicht schnell Notizblock und Stift zücken müsste. Diese bahnbrechenden Hinweise sollte ich besser festhalten. Schließlich wird mir hier die lang ersehnte Antwort auf die leidige Frage nach dem WARUM gegeben!

Neulich habe ich mit einer Bekannten über genau dieses Thema gesprochen. „Meine Freunde sagen, mein Standard sei zu hoch", erzählte sie. Neugierig fragte ich nach, wie sie das meinte. „Sie sagen, wenn ich einen Mann finden will, dann muss ich meine Anforderungen herunterschrauben. Ich hätte zu viele Ansprüche, sagen sie. Aber ganz ehrlich? Was soll ich mit einem Kompromiss, mit dem ich nach zwei oder drei Jahren Ehe nicht glücklich bin?" Eine super Einstellung, wie ich finde.

Es ist nicht leicht, das durchzuziehen, gerade wenn die Sehnsucht nach einem Partner immer größer wird. Aber was bringt mir ein unglückliches Leben an der Seite eines Mannes, wenn ich möglicherweise allein viel zufriedener und erfüllter bin? Sei dir selbst wert genug, auf den Mann zu warten, der für dich richtig ist – nicht der, der nur 70 % deiner Werte und deines Lebensstils schätzt und unterstützt!

Aber – das habe ich an anderer Stelle ja schon gesagt – auch in Gemeinden kriegt man als Single nicht immer die allerbeste Unterstützung. Ist es nicht ein absolutes Phänomen, wie viele Bibelverse Leute plötzlich anbringen können, um dir zu verdeutlichen, dass Gott unbedingt möchte, dass du einen Mann findest?

Da wäre zunächst einmal der Punkt, dass Gott Mann und Frau geschaffen hat, weil es nicht gut ist, dass sie alleine sind. Wenn mir das jemand als Argument darlegt, um mir zu zeigen, wie wichtig es ist, mehr Zeit für die Männersuche zu verwenden, dann muss ich erst einmal tief durchatmen.

Aber eigentlich ist es kein Problem für mich dagegenzuhalten, denn ich kann ja Paulus zitieren. Er sagt, dass es besser ist, alleine zu bleiben, als zu heiraten. Ich meine, hallo!!?!? Das hat Paulus gesagt!!! Der hat auch viele andere gute Dinge vom Stapel gelassen, also ist das ein wichtiges Argument, nicht wahr? Wobei ich dann immer hoffe, dass mein Gegenüber nicht erwidert, dass es Paulus darum ging, dass Singles mehr Freiheiten haben, sich um Gottes Reich zu kümmern. Denn was sage ich dann? An dieser Stelle hakt es mit überzeugenden Argumenten noch etwas bei mir.

Und was ist mit der Aufforderung, fruchtbar zu sein und sich zu mehren? Das geht alleine schlecht. Ist mein Leben doch nicht so biblisch, wie ich gehofft habe? Und bin ich zu Recht der Outsider, der bemitleidet wird, weil er sein Lebensglück und seine Bestimmung noch nicht gefunden hat? Weil er das mit der Liebe irgendwie noch nicht auf die Reihe bekommen hat?

Anders als im Deutschen gibt es im Englischen tatsächlich ein Wort dafür, dass Singles ausgegrenzt bzw. für unvollständig und nicht richtig befunden werden: „Single Shaming". Ich finde, das trifft es ganz gut. Mit Worten oder ohne wird uns vermittelt: Mit dir stimmt irgendwas nicht.

Ich habe schon darüber gesprochen, ich weiß. Aber es passiert so häufig und oft so selbstverständlich bzw. wahrscheinlich unbewusst. Ich finde diesen Punkt so wichtig, dass ich ihn an dieser Stelle noch einmal deutlich machen will: Singles haben normalerweise nur wenig Platz in der Gemeinde. Und wenn sie Platz finden, dann gibt es entsprechende „exklusive" Veranstaltungen wie Speeddating, Singletreffs und Co. Wobei es sich bei Letzteren – das wissen wir doch alle – nur dem Schein nach um „lockere Begegnungen von Alleinstehenden" handelt, um sich gegenseitig zu ermutigen. In Wirklichkeit sind auch das versteckte Partnerbörsen, bei der manch einer am liebsten mit dem passenden Deckel nach Hause gehen würde. Das macht solche Veranstaltungen eher stressig und unangenehm. (Was zugegebenermaßen auch an der Männer-Frauen-Quote liegen kann: üblicherweise ungefähr 1:10 …)

Und dann wären da noch die Predigten. Selbst wenn es ums Singlesein geht, sprechen von der Kanzel in der Regel Pastoren, die seit vielen Jahren verheiratet sind, Kinder haben und vielleicht sogar schon Enkel. Inwieweit soll das ermutigend sein? Wenn sie von Alleinsein sprechen, dann können sie höchstens einen Abend meinen, an dem sie alleine daheim sind, oder?

Ich liebe meine Gemeinde. Und meine Pastoren! Wirklich!! Nur würde ich mir manchmal wünschen, dass sie zu solchen Themen Gastredner einladen. Die würden das Ganze vielleicht sensibler und authentischer angehen. Sie wissen, was es für Herausforderungen mit sich bringt, alleine zu leben. Sie haben nicht mit 19 ihren Partner kennengelernt und hatten mit 23 schon das zweite Kind. Vor allem aber würde das zeigen, dass sie das Thema und somit auch uns Singles ernst nehmen und uns mit Wertschätzung begegnen, statt das Ganze mit ein paar Sätzen am Sonntagmorgen abzutun.

In unserer Gemeinde gab es dazu beispielsweise eine Veranstaltung mit Gästen, die schon viele Jahre alleine sind und sich mit diesem Thema intensiv beschäftigen. Das gibt dem Ganzen mehr Raum, Raum, den das Thema verdient und der wichtig ist, um Singles als Teil der Gemeinschaft zu sehen.

Dass einem vermittelt wird, noch nicht ganz „angekommen" zu sein, das gibt es übrigens nicht nur in Bezug auf Singles, sondern kommt auch in anderen Lebensetappen vor: Erst fragen sie dich, ob du sehr traurig bist alleine, und bieten dir Gebet und gute Ratschläge an. Dann, wenn du „endlich" einen Partner hast, fragen sie recht schnell, wann ihr denn heiraten wollt. „Wann ist es denn so weit? Seid ihr euch noch nicht sicher? Ihr seid doch schon drei Monate zusammen!?"

Sobald die Verlobung bekannt gegeben wurde und der Termin für die Hochzeit feststeht, freuen sich alle mit dir.

Du heiratest, und während sie dir gratulieren, holen sie schon Luft, um zu fragen, wann denn das erste Kind kommt. Vier Wochen nach der Hochzeit ist dann offenbar genug Zeit verstrichen, um die Frischvermählten noch einmal zu fragen: „Und? Seid ihr schon schwanger?" (Vielleicht ist das sogar der Ursprung dafür, dass Paare irgendwann nur noch im Doppelpack sprechen können und der Mann zu gegebener Zeit erklärt, dass „wir" an Schwangerschaftsübelkeit leiden??)

Und dann, wenn das erste Kind da ist und alle dieses kleine Wunder bestaunen können, ist das Paar endlich angekommen. Ziel erreicht. – Stimmt nicht, vergesst es! Spätestens nach einem Jahr fragen die Leute, wann denn „Nummer zwei" kommt … Ja, entschuldigt mal bitte, wann ist man denn mal fertig? Wann darf man sich zurücklehnen und den Rest des Lebens genießen?

„Single Shaming" gibt es also auch in anderen Formen. Ich weiß nicht, ob mich das beruhigt oder verunsichert. Denn das bedeutet, dass ich niemals Ruhe haben werde, außer mir ist egal, was andere reden – was ich sowieso für eine gute Eigenschaft halte!

Klar, auch von uns hat fast jeder seinen Fünfjahresplan. Und der endet meist mit Hochzeit und der Gründung einer Familie. Wer aus dieser „Norm" herausfällt, scheint entweder die wahren Ziele verfehlt zu haben oder eben noch nicht ganz auf Kurs zu sein. Vielleicht ist man aber auch einfach merkwürdig? Wie viele von uns haben gedacht, dass wir mit Anfang 20 heiraten und spätestens fünf Jahre später das erste Kind da ist? Wie viele träumen von ihrer Zukunft, in der ein Haus, ein Baum, ein Zaun, Partner und Kinder vorkommen? Was nicht heißt, dass das immer eintrifft – wir Singles wissen das!

Ich merke also, wie ich mir immer wieder neue Argumente zurechtlege, um mich und mein Alleinstehendenleben zu verteidigen. Ihr glaubt gar nicht, wie froh ich darüber bin, dass Gott versprochen hat, nie wieder so eine Flut wie zu Noahs Zeiten kommen zu lassen. Ich würde unbedingt mit auf die Arche wollen, aber wir wissen ja alle: Da kamen nur Paare drauf …

Vom Träumen und vom Stillstand

Lerne aus der Vergangenheit,
träume von der Zukunft,
aber lebe im Hier und Jetzt.

Wenn ich als Kind gefragt wurde, was ich später mal werden will, dann war ich mir ziemlich sicher: Ich werde entweder Sängerin (so wie Anja Lehmann und Cae Gauntt zum Beispiel) oder Schriftstellerin wie Enyd Blyton und Mama von fünf Kindern. Im Laufe der Jahre änderte sich das alles. Ich fand meine Träume dann doch etwas abwegig und hoch gegriffen. Aber ein bisschen hab ich trotzdem weitergeträumt.

Doch was ist, wenn die Dinge ganz anders kommen? Wenn Träume platzen und Pläne sich ändern, vielleicht sogar zwangsläufig? Wenn sich der passende Mann nicht so schnell findet, wie wir gedacht haben? Oder wir ihn erst so spät treffen, dass es für Kinder zu spät ist?

Es gibt eine Videoaufnahme von einer Jugendveranstaltung, bei der ich den Input gemacht habe (als Erwachsene kennen wir das als Predigt). In dieser Aufnahme sieht man mich als 19-Jährige, die darüber spricht, wie es sein wird, mit 21 verheiratet zu sein. Ich bin damals tatsächlich davon ausgegangen, zwei Jahre später den Bund der Ehe einzugehen. Einfach weil das scheinbar alle machen, weil in der Gemeinde viele so früh heiraten. Klar, dass ich dabei bin, oder?

Genau zehn Jahre später kann ich über meine Naivität nur lachen und nicht glauben, dass ich wirklich davon überzeugt war, dass mein Leben so laufen würde. Je älter ich wurde, desto mehr habe ich daran gezweifelt. Konnte ich mir mit 25 vorstellen, schon zwei Kinder zu haben wie meine Freundin? Nein, aber das kann ich mir auch heute noch nicht vorstellen. Das geht einfach nicht in meinen Kopf.

Es gibt ja solche und solche Singles (ähnlich wie bei Paaren, davon später mehr). Unterscheiden wir mal zwischen den beiden Extremen:

Singletyp 1 ist wahnsinnig fokussiert auf die Partnersuche. Nach Feierabend sitzt er (er steht allgemein für den Typ Nummer 1) auf dem Sofa und loggt sich in die drei Singleportale ein, bei denen er angemeldet ist. Im Browser öffnen sich parallel die verschiedenen Fenster. Da werden Mitteilungen gecheckt und den restlichen Abend wird mit verschiedenen potenziellen Partnern gechattet. Ist gar nicht so einfach, die unterschiedlichen Konversationen auseinanderzuhalten. Nicht, dass man dem einen doppelt schreibt und Fragen beantwortet, die eigentlich Chatpartner Nummer 3 gestellt hat!!

Gespräche mit Freunden drehen sich bei Singletyp 1 in der Regel fast ausschließlich um die Frage, wie endlich der passende Partner gefunden werden kann. Anstatt Urlaube zu buchen, Pläne für Partys zu schmieden oder neue Menschen kennenzulernen, wird eher diskutiert, wie hilfreich das jeweilige Event sein könnte, um einen Partner kennenzulernen. Dieser extreme Typ 1 kann wirklich anstrengend sein …

Extremtyp Nummer 2 ist Single und scheint das nicht mal zu bemerken. Während andere in Panik verfallen, wird das Leben hier weitergelebt und verläuft in völlig entspannten Bahnen. Man ist schon über 50? Macht nichts, entweder der richtige Mann, die richtige Frau kommt oder er/sie kommt nicht. Und wenn nicht, dann überlegt man sich eben eine Alternative: eine Wohngemeinschaft mit Gleichgesinnten, die nicht alleine leben wollen, vielleicht. Oder ein neuer Job im Ausland – schließlich ist man ungebunden und bereit für neue Abenteuer!? Während alle anderen im Umfeld von Singletyp 2 in Panik geraten (quasi für ihn mit), bleibt er gelassen und fragt sich, wo Freunde und Familie eigentlich das Problem sehen …

Ich gebe zu, dass Typ 2 eher seltener zu finden ist. Es überwiegen dann doch die Singles, die sich nach einem Partner sehnen, heiraten und Familie gründen wollen. Aber weil sie in Extremform etwas anstrengend sein können, glaube ich, dass etwas Ausgewogenheit hilfreich sein könnte. Also eine Mischung aus „phasenweise in Panik geraten" und „entspannt sein". Nee, ihr wisst aber, was ich meine, oder?!

Eine meiner Freundinnen ist über 50 und Single. Aber statt so lange in den Startlöchern zu stehen, bis endlich der Traummann ins Bild kommt, genießt sie ihr Leben schon längst in vollen Zügen, wie man so schön sagt. Sie verwirklicht Träume und Projekte, fährt in den Urlaub, trifft Freunde und erscheint mir sehr glücklich. Was nicht heißt, dass alles einfach ist. Jede Woche neu den Alltag allein bewältigen zu müssen, ist kein Spaß – das können alle Singles unterschreiben, denke ich. Manchmal wäre es schön, wenn ein anderer einkaufen geht und die Überweisungen übernimmt und wenn man sein

Frühstücksmüsli nicht allein mümmeln müsste. Aber was meine Freundin mir vorlebt, ist genau der Punkt, an dem ich wachsen will: Lebe dein Leben nicht in der Warteschleife. Lass los, auch wenn dein Leben anders verläuft, als du es dir gewünscht hast. Lebe Alternativen und gib dich voll in Plan B hinein, ohne Plan B als den schlechteren Weg zu empfinden!

Unser Leben können wir nicht so kontrollieren, wie wir es gerne hätten. Aber wir können daran arbeiten, es so zu gestalten, wie es zu uns passt. Wieso das Leben unnötig verkomplizieren? Du fühlst dich unwohl in deiner Wohnung? Richte sie dir so ein, wie es dir gefällt – du musst auf niemandes Geschmack Rücksicht nehmen! Du fühlst dich allein und dir fehlt Gesellschaft? Ruf jemanden an, triff dich mit Freundinnen, lerne neue Orte und Sprachen kennen, gehe deinen Hobbys und Interessen nach. Du bist unzufrieden mit deinem Job und die Arbeit gefällt dir nicht? Sprich es an. Orientiere dich neu und trau dich, einen Schritt ins Unbekannte zu gehen.

Und dann, ganz vielleicht, bestimmt sogar, kann es passieren, dass du glücklich bist – ohne Partner.

Nur weil ich mit 20 dachte, dass mein Plan für mein Leben gut ist, und ich genau wusste, wann ich wie verheiratet sein will, heißt das nicht, dass dies der einzig gute Plan für mein Leben war. (Hallo? Ich wollte mit 20 heiraten! Ich glaube, der Plan war ausbaufähig!)

Ich bin immer hin- und hergerissen, wenn es darum geht, Gott zu fragen, wo mein Platz ist. Ich weiß, wir singen immer wieder Lieder im Gottesdienst, die davon handeln, ihm unser Leben zu geben und darauf zu vertrauen, was er für uns geplant hat. Und ich bete dafür, dass Gott mir zeigt, wo mein Platz ist und wo ich Gutes tun kann: bei der Arbeit, in der Gemeinde, in meiner Freizeit. Aber mal ehrlich: Meine größte Sorge ist, dass er mir ein afrikanisches Land nennt, in dem es tierisch heiß ist. Das wäre so der Super-GAU und ich weiß nicht, ob ich in diesem Fall gleich gehorsam sein könnte. Doch, ich weiß es sogar sehr genau: Ich würde eine ganze Weile mit ihm diskutieren! Vielleicht hat er mich ja mit jemandem verwechselt oder sich vertan?!

Ich hab eine Freundin, die so sicher weiß, dass sie am richtigen Ort ist, dass sie potenzielle Partner hintenanstellt. Wenn er nicht bereit ist, in die Stadt zu ziehen, in der sie lebt und arbeitet, und kein Herz für die Menschen hat, mit denen sie arbeitet, dann wartet sie weiter auf den Richtigen. Sie setzt klare Prioritäten und fokussiert sich nicht auf die Suche nach einem Mann. Ja, sie hätte gerne einen. Aber sie will auch keinen faulen Kompromiss eingehen.

Die Freundinnen, von denen ich hier erzähle, sind echte Vorbilder für mich: Sie vertrauen Gott. Sie lassen eigene Vorstellungen los und vertrauen darauf, dass Gott einen guten Plan für sie hat. Sie leben ihr Leben nicht mit angezogener Handbremse, sondern geben Vollgas. Sie gehen nicht als letzte Alternative in die Mission, weil nach zwanzig Jahren noch immer nicht der passende Partner vor der Tür stand. Sie fragen nach Gottes Idee für ihr Leben, egal ob mit oder ohne Mann an ihrer Seite. Sie überlassen das Ganze ihrem himmlischen Vater. Und das ist ein wichtiger Punkt!

Egal ob sich Träume ändern oder ob ich grundsätzlich gerne alleine lebe: Auch das Leben eines Singles braucht einen Sinn oder ein Ziel. Nur arbeiten zu gehen, in der Gemeinde mitzuarbeiten, Freunde zu treffen und hin und wieder auf die Kinder meiner Freunde aufzupassen, erfüllt mein Leben nicht mit Sinn. Ich kann meine Bestimmung, solange ich Single bin, nicht als Ehefrau und Mutter sehen, wenn ich diese Rolle noch gar nicht habe. Und doch bleibt die Frage, wie meine Bestimmung ist. Wie sieht die Rolle aus, die ich im Leben spiele?

Um meine Bestimmung zu kennen, muss ich wissen, was Gott sich für mich ausgedacht hat. Nicht immer zeigt Gott uns von Anfang an das große Ganze (eigentlich nie!). Aber ein Anfang, ein Ort oder eine Aufgabe reichen oftmals schon, um loszulegen. Ich glaube, dass es nichts Besseres gibt, als am richtigen Ort zu sein und das zu tun, was Gott sich von uns wünscht. Nicht umsonst hat er uns mit Talenten ausgestattet, Leidenschaften in uns gelegt und uns mit unterschiedlichen Fähigkeiten ausgestattet. Ich glaube nicht, dass ich schon am Ende meiner Bestimmung angekommen bin oder bereits alles lebe, wie Gott es sich gedacht hat. Aber ich habe einen tollen Job, in dem ich meine Begabungen einbringen kann, und hab es schon länger auf dem Herzen zu schreiben. Und plötzlich bin ich tatsächlich Autorin. Das ist der Hammer, und ich bin gespannt, wie die weiteren Puzzleteile in meinem Leben aussehen werden.

Ich habe kein Patentrezept, wie du herausfinden kannst, wie Gottes Plan mit dir ist. Aber er hat uns in der Bibel viele Hinweise und Dinge an die Hand gegeben, die uns helfen, nach seinem Willen zu leben. Was ich weiß, ist, dass er uns versprochen hat, dass wir ihn finden können. Wenn wir ihn suchen, wird er sich finden lassen, das steht schon in Jeremia 29 im Alten Testament. Manchmal dauert es ein wenig, bis sich die Puzzleteile zusammensetzen. Aber Gott hat für jeden von uns einen Plan. Davon bin ich überzeugt! Und da er unser Vater ist und nur das Beste für uns will, bin ich ebenso davon überzeugt, dass er dir und mir zeigen wird, was sein individueller Plan für uns ist. (Und wenn wir nur einen Teil davon verstehen: Er hat den Überblick!)

In uns Menschen liegt eine Sehnsucht nach erfülltem Leben. Wir tragen diese Sehnsucht nach „mehr" in uns, egal ob wir Christen sind oder nicht. Niemand ist zufrieden mit einem Leben, in dem er nur vor sich hin dümpelt. Also liegt es nahe, dass wir uns auf die Suche machen sollten. Vielleicht hätte Mutter Teresa sich eine Familie gewünscht. Vielleicht hat sie immer gedacht, dass sie eines Tages heiraten und Kinder bekommen wird. Stattdessen hat sie ihre Bestimmung in den Straßen Kalkuttas gefunden und am Ende trug sie mehr Kinder in ihrem Herzen, als sie als Mutter hätte gebären können.

Vor- und Nachteile gibt es überall, oder?!

Einen Vorteil will ich an dieser Stelle noch herausheben, der sich ergibt, egal wie Gottes Plan für dein und mein Leben aussieht. Als Single haben wir die Möglichkeit, das zu machen, was uns aufs Herz gelegt wird. Wir sind ungebunden. Ich muss nicht erst darauf hoffen, dass mein Partner gleichzeitig denselben Plan auf dem Herzen hat. Ich muss auch nicht versuchen, ihn zu überreden, den nächsten Schritt mit mir gemeinsam zu gehen. Als Ehepaar einen gemeinsamen Plan zu haben, ist toll. Doch wie oft erkennt jemand den Plan für sein Leben und lässt ihn ruhen oder sich im schlimmsten Falle wieder ausreden, weil sein Partner nur ungern seine Komfortzone verlassen will oder eine andere Berufung für sich gefunden hat? Als Singles müssen wir nicht darauf warten, dass ein anderer Feuer für unsere Pläne fängt – wir können gehen und loslegen. Vielleicht hast du dir das so nicht ausgesucht, aber es ist ein Vorteil!

Klar, es gibt auch Nachteile am Singlesein. Wahrscheinlich lassen sie sich auf die einfache Formel „nicht gemeinsam" reduzieren. Ich kann vieles mit Freunden oder meiner Familie teilen, aber das Alltägliche im Leben dann eben doch nicht – und Intimität ist ganz außen vor.

Am Ende ist es in jeder Lebenssituation dasselbe, egal ob Single, verheiratet oder mit Kindern: Wir sollten nicht dem nachtrauern, was hätte sein können. Was, wenn ich etwas anderes studiert hätte? Was, wenn ich schon Mutter von zwei Kindern wäre? Was, wenn ich mich damals für Plan C entschieden hätte? Wäre ich heute glücklicher? Konjunktiv hilft an dieser Stelle nicht. Immer wieder um (verpasste) Möglichkeiten zu kreisen, bringt mich nicht weiter. Denn sind wir doch mal ehrlich: Wenn ich alt bin, will ich nicht feststellen, dass ich mein Leben mit dem Gedanken „Was wäre, wenn …" vergeudet habe.

Ich habe nur dieses eine Leben auf der Erde. Und es ist voll von Möglichkeiten. Ja, mein Leben hätte anders verlaufen können. Aber das ist es nicht. Also warum sich damit aufhalten? Ich will mein Leben erfüllt leben. Ich will glücklich darüber sein, wie es ist. Und vor allem dankbar dafür, was ich habe und wer ich bin.

Selbstmitleid hilft nicht weiter (auch wenn es eine tolle Begründung für einen Becher Eis ist!). Die Frage ist: Bin ich bereit loszulassen? Bin ich bereit, die Möglichkeiten der Vergangenheit und die Hoffnungen der Zukunft loszulassen? Was noch kommen kann, muss ich nicht begraben – Vergangenes schon. Doch auch die Möglichkeiten, die in der Zukunft noch kommen können, muss ich loslassen, um beide Hände frei zu haben für das, was Gott hineinlegen will. Nur dann kann ich loslegen und die Dinge anpacken. Nur dann habe ich Platz für das, was die Gegenwart bereithält.

Loslassen ist ein Prozess. Dennoch beginnt auch er mit dem ersten Schritt. Ich muss mich entscheiden loszulassen. Es werden immer wieder Zeiten kommen, in denen meine Gedanken um das kreisen wollen, was ich mir erhofft habe. Gerade wir Frauen werden hin und wieder von Emotionen geleitet (nicht nur, wenn die Hormone verrücktspielen – schön wär's!). An dieser Stelle ist es wichtig, dass wir uns das, was wir losgelassen haben, nicht zurückholen. Das ist nicht leicht. Echt nicht, wirklich gar nicht. Ich weiß das, weil ich manchmal auch gute Ideen habe für mein Leben und versucht bin zu denken, dass ich es besser weiß.

Loslassen bedeutet, dass wir unsere Hoffnungen und Träume immer wieder zurück in Gottes Hand legen, an ihn zurückgeben, damit wir frei sind, seinen Plan für unser Leben zu erkennen. Das ist manchmal ein mühsamer Prozess, weil es scheint, als würden wir diese Schritte immer wieder gehen müssen. Aber bei Gott sind sie, so platt das klingen mag, besser aufgehoben.

Plane Urlaube, such Alternativen, überleg dir, wovon du noch träumst. Stell dein Leben und deine Träume von einem Partner nicht in einem Koffer neben dir auf dem Wartegleis ab und bleib am Bahnsteig stehen. Ich sag es ja nur ungern, aber die Wahrscheinlichkeit, dass dein Mann am Wartegleis vorbeikommt und dich mitnimmt, ist äußerst gering …

Ich will mein Leben nicht auf dem Wartegleis abstellen, nur für den Fall der Fälle. Was wäre, wenn? Was wäre, wenn ich den Mann im Urlaub kennenlerne? Was, wenn er erst in zwei Jahren kommt? Bis dahin die Zeit anhalten, warten, stillhalten, stehen bleiben? Ich hab doch nur dies eine Leben! Das will ich auf keinen Fall mit Warten verbringen, wenn es nicht unbedingt sein muss.

Ich verstehe die Sehnsucht nach einem Partner. Hab ich auch manchmal. Aber ich liebe es auch zu träumen. Träume sind wichtig. Und ich finde es auch wichtig, Träume zu leben. Aber so sehr sie unser Antrieb sein sollten, können sie eben nicht gleichzeitig der Grund sein, der uns festhält und bindet. Fahrt in den Urlaub! Geht ins Kino! Plant Abenteuer!!! Dabei könnt ihr gern Ausschau nach einem Mann halten – aber bitte nehmt euren Koffer mit eurem Leben in die Hand und lauft los!

Was dein Beziehungsstatus wert ist – oder: Von Spielerfrauen und der Titanic

Stell dir vor, du hast einen Freund. Ihr verbringt Zeit miteinander, liebt euch, streitet hin und wieder, seid mal glücklich und mal verzweifelt ihr miteinander und auch aneinander. Ihr führt eine ganz normale Beziehung. Du begleitest ihn manchmal samstags sogar ins Stadion zum Fußball. Der Traum aller Männer: eine Frau, die sich für Fußball interessiert! Und abends, nach dem Sieg der Mannschaft, führt er dich zum Essen aus. Herrlich!

Ein klitzekleines Detail hab ich allerdings noch nicht erwähnt: Du bist nicht irgendeine Freundin. Du gehst nicht einfach nur ins Stadion, um mit ihm das Team anzufeuern: Du bist da, um IHN anzufeuern!

Du stehst nicht in der Südkurve. Du hast gemeinsam mit Gleichgesinntinnen (ich will ja niemanden ausschließen, aber davon gibt's eben nur Frauen, kann ich auch nichts für!) deinen eigenen Treffpunkt auf der Tribüne. Denn du bist eine von ihnen. Du bist … Spielerfrau! Wenn Menschen über dich reden, dann bist du nicht einfach die Freundin von nebenan – du bist Spielerfrau. Und während du dein eigenes Leben hast, einem Beruf nachgehst, Freunde und Familie hast, wirst du nach außen hin auf deine Beziehung reduziert.

Jetzt ist mir natürlich klar, dass die wenigsten von uns Spielerfrauen sind. Und trotzdem geht es uns manchmal genauso. Da wirst du als „Tochter von" vorgestellt oder machst deine Freunde mit jemandem bekannt und sagst: „Das ist die Frau von …" Warum tun wir das? Komische Angewohnheit, oder? Das ist wie mit Frauen, denen man ein Kompliment zu Kleidung, Schuhen oder der Handtasche macht: „Dein Shirt sieht toll aus!" – „Danke, ist von C&A!" Oder jemand lobt die Farbe deines Nagellacks. „Oh, danke dir! Der ist vom Drogeriemarkt, kostet nur 2,95 €!" Was ist das für ein Tick, den wir Frauen haben? Fast schon zwanghaft geben wir direkt Auskunft über Herkunft, Preis und Co., anstatt uns einfach nur dafür zu bedanken. So viel zu meinem kleinen Exkurs über Ticks. Und jemanden als „Freund von …" vorzustellen, gehört für mich eben auch dazu.

Aber mal ehrlich: Wenn ich in einer Beziehung bin, will ich nicht immer nur die „Freundin von" sein. Man darf mich auch einfach mit meinem Namen vorstellen. Ist aber nicht so, dass mir das bei anderen nicht auch mal passiert. Ich habe kurioserweise mehrere Freundinnen, die Rebekka heißen. Wenn ich von ihnen erzähle, betitle ich sie automatisch mit ihrem Beruf oder ihrem Wohnort, damit alle wissen, von wem ich rede. Ist doch merkwürdig!

Möglicherweise stört es manch einen ja gar nicht so sehr, eine Spielerfrau oder lediglich „Freundin von" zu sein – schließlich liebt man den Partner und freut sich, mit ihm verbunden zu sein – wenn's sein muss, eben auch mithilfe solcher Titel. Aber seien wir mal ehrlich: Die Gefahr, uns von unserem Beziehungsstatus ausfüllen zu lassen, ist da.

Es geht dabei nicht immer nur um den benannten Titel. Es geht vielmehr um das, was unsere Basis ist und wie wir unsere Identität gestalten (lassen).

Wenn ich mein Leben nur um meine Beziehung herum

baue und das der Mittelpunkt meines Lebens ist, das, worum sich mein Leben dreht, dann werde ich irgendwann unweigerlich vor die Wand laufen. Spätestens wenn die Beziehung vorbei ist oder – tut mir leid, wenn ich jetzt direkt werde – wenn einer von beiden stirbt.

Menschen, die ihre Identität aus ihrem Beziehungsstatus ziehen, werden immer wieder versuchen, ihr Leben mit einer Beziehung zu füllen, damit das Gerüst nicht ins Wanken gerät. Dieser Lebensmittelpunkt wird dauerhaft nicht funktionieren. Dabei ist es egal, ob ich mich über meinen Partner, meine Ursprungsfamilie oder meine beste Freundin definiere – wenn der Beziehungsstatus meine Identität bestimmt, kann das System irgendwann zerfallen. Wenn diese Beziehung nicht mehr existiert, bleibt inmitten deines Lebens plötzlich ein riesiges Loch.

Deshalb finde ich es so wichtig, den Beziehungsstatus unwichtig werden zu lassen. Stellt sich natürlich die Frage, was dann unsere Identität ist. Wer an dieser Stelle Angst hat, dass ich mit Platon und den berühmten Fragen wie „Woher komme ich? Wer bin ich? Wohin gehe ich?" komme, der kann sich entspannt zurücklehnen. Wobei … diese Fragen, die seit Jahrhunderten Menschen beschäftigen, kommen ja nicht von ungefähr. Wir spüren eine Sehnsucht in uns, unserem Leben Sinn zu geben. Wir wollen nicht von dieser Welt gehen, ohne etwas zu hinterlassen, ohne etwas verändert zu haben. Grundsätzlich ein gutes Ziel, wie ich finde.

Natürlich kann ich dir die Frage nach deiner persönlichen Bestimmung und Identität nicht beantworten – sorry! Aber ich kann dir sagen, was ich denke, wie unsere Identität aussieht. Und ich kann dir sagen, wie ich meine finde oder zumindest versuche zu finden. Ich will nicht einfach „Rebekka, 29, Single" sein und auch nicht über meinen Beruf definiert werden. Vielleicht ist es für mich deshalb auch manchmal leichter zu benennen, wie meine Identität nicht aussieht. Ich bin nicht nur die „Tochter von", nicht die, die studiert hat, oder die, die Single ist.

Stattdessen wünsche ich mir, mich so zu sehen, wie Gott mich sieht – denn das ist im Kern meine Identität. Gott spricht in der Bibel so viele Wahrheiten in unser Leben. Er sagt uns, wer wir sind: seine geliebten Söhne und Töchter. Wir sind gewollt, wertvoll, einzigartig, wunderbar, gerettet, heilig – und das sind nur ein paar der Eigenschaften, die er uns zuspricht. Wer seinen Sohn sterben lässt, damit fehlerhafte Menschen leben können, der muss wirklich lieben. So richtig! Bedingungslos, allumfassend. Gottes Wort ist voller Liebeserklärungen an uns.

Und die Identität, die Gott uns gibt, bleibt. Sie ändert sich nicht. Sie ist kein Beziehungsstatus, der irgendwann endet. Im Gegenteil! Gott ändert sich nicht. Er war gut, er ist gut und er bleibt gut. Und genauso wenig ändern sich seine Gedanken über uns.

Diese Gottesgedanken als meine Identität zu sehen, bedeutet nicht, dass ich das immer fühle oder dass es mir leichtfällt, das zu glauben. Nicht immer führe ich deshalb ein luftig leichtes Leben. Manche Sachen muss ich mir einfach immer wieder sagen und bewusst machen, damit sie vom Kopf ins Herz rutschen.

Ich erlebe Zweifel, Angst und Unsicherheit und merke, dass mir Vertrauen schwerfällt. Das liegt aber an mir, meinen zwischenmenschlichen Erfahrungen und Vertrauensbrüchen, die ich erlebt habe. Aber die Beziehung, die Gott anbietet, ändert sich nicht.

Jesus ist die einzig konstante Basis, auf die wir uns stellen können, die unsere Identität ausmachen kann. Sie kann nur deshalb ins Wanken geraten, weil sich unser Denken oder Fühlen ändert und wir Entscheidungen treffen, die Auswirkungen auf die Beziehung zwischen ihm und uns haben. Gottes Ja zu uns bleibt, auch wenn wir Menschen manchmal etwas kompliziert sind (Menschen, nicht Frauen!).

So viel zum theologischen Mini-Exkurs. Was ich weiß, ist, dass ich meinen Wert niemals von meinem Beziehungsstatus abhängig machen will. Auch nicht von dem zu meiner Familie oder meinen Freunden – die ich alle wirklich sehr lieb hab. Aber auch diese Beziehungen verändern sich und enden eines Tages, sodass sie kein verlässliches Fundament für mein Leben sind. Dein Status im Job, in der Familie, in der Gesellschaft kann niemals dein Herz vollkommen ausfüllen. Und deine Beziehung (zu einem Menschen) kann dich auch nicht retten.

Apropos: Die meisten von euch werden den Film Titanic kennen. So häufig wird er als die größte Liebesgeschichte gehandelt (was ich für Quatsch halte, aber das steht auf einem anderen Blatt). Am Ende des Films, während die Titanic in Schräglage langsam ins Meer sinkt, sieht man Rose auf einer Tür treiben. Ihr Freund Jack treibt im eiskalten Wasser und versucht sich ebenfalls zu retten. Die Beziehung, um die sie in diesem Film – mit Überlänge (!!) – die ganze Zeit über kämpfen, die, wegen der Millionen Frauen weinend in den Kinos saßen, findet ein jähes Ende, als Rose ihrem Liebsten nicht auf die Tür hilft. Und so muss auch Leonardo DiCaprio in seiner Filmrolle erkennen, dass der Beziehungsstatus einen am Ende nicht retten kann …

Was du sagen kannst, wenn jemand nach deinem Beziehungsstatus fragt:

- [ ] Vielen Dank für Ihre Bewerbung, wir melden uns bei Ihnen!

- [ ] Paare ertrage ich nur noch als Schuhe.

- [ ] Mir ist das alles noch nicht kompliziert genug – da geht noch was!!

- [ ] Dinner for one, Drinks for two.

- [ ] Die Route wird neu berechnet.

- [ ] Ich bin Single beziehungsweise Beziehungswaise.

- [ ] Mein Bett ist halb voll – ich bin optimistisch!

- [ ] Beziehungsstatus? Ich geh mit meiner Laterne …

Was bleibt

Nun sitzen wir hier. Mir kommt es völlig surreal vor, dass diese Reise hier (erst mal) zu Ende geht. Noch verrückter ist der Gedanke, dass du dieses Buch tatsächlich in den Händen hältst und bis zum Schluss gelesen hast; bis hierher. (An dieser Stelle sei erwähnt, dass das Semikolon im vorigen Satz mit Absicht steht. Ich finde Semikolons werden völlig unterschätzt und sollten öfter gebraucht werden. Deshalb, dachte ich, sollte ich wenigstens eines im Buch unterbringen.)

Aber zurück zum Thema: Was passiert jetzt, wo alle Seiten voll sind? Wohin soll ich nun mit meinen Geschichten? Was mache ich, wenn ich das nächste Mal etwas Außergewöhnliches (oder Meganormales!!) als Single erlebe und dir das unbedingt noch erzählen will?

Darüber habe ich natürlich gründlich nachgedacht. Denn ich trage als Autorin ja jetzt quasi auch Verantwortung für meine Leser, oder?! Ich könnte bloggen. Oder ich gebe meine Weisheiten bei Facebook weiter (das wäre nichts Neues ;-). Am einfachsten wäre es aber wahrscheinlich, wenn ich mit meiner Lektorin über eine Fortsetzung dieses Buches und somit Band 2 spreche. (Konstanze, du kannst dich schon freuen! :)

Also, eine Anleitung zum Singlesein sollte das hier ja nicht sein. Weder für dich noch für mich. Aber ich muss trotzdem sagen: In all den Wochen, in denen ich Artikel gelesen, mich mit anderen übers Singlesein unterhalten, mein Leben gelebt habe (da passiert, wie wir nun wissen, vieles auch einfach von alleine) und das Buch immer mehr Gestalt angenommen hat, hab ich echt viel gelernt! Es ist nicht so, dass ich jetzt superviel Weisheit hätte. Oder alle Hürden spielend überspringe. Aber mir ist vor allem wieder bewusst geworden, dass ich nicht alleine bin.

Beziehungen werden immer Thema in unserem Leben sein. Einfach weil wir für Beziehungen geschaffen wurden. Davon bin ich zutiefst überzeugt. Wir brauchen tiefe, ehrliche und vertrauensvolle Beziehungen. Und ich bin dankbar, dass ich sie kenne und erleben darf. (Dass Partnerschaft eine andere Ebene von Beziehung ist, dessen bin ich mir bewusst. Und auch die Sehnsucht danach hat absolut ihre Berechtigung. Nicht nur das – sie ist für die meisten von uns wohl eher ein ständiger Begleiter, mal mehr, mal weniger doll. Ich hoffe sehr, dass das auf den letzten etwa 150 Seiten deutlich wurde.)

Was mir allerdings Sorgen bereitet, ist der Moment, in dem ich möglicherweise eines Tages niedergeschlagen meine Freundinnen anrufe und ihnen sage, dass das Leben alleine zum Heulen ist … denn ab sofort können sie mir dieses Buch um die Ohren hauen. Ich weiß nicht, ob ich das auf Dauer ertragen würde.

Spaß beiseite.

Am Ende will ich, ich für mich, ganz persönlich, meine Identität und vor allem meinen Wert nicht aus meinem Beziehungsstatus ziehen. Ich will mich nicht darüber definieren. Vielleicht ist es deshalb auch leichter zu verkünden, was längst auf der Hand liegt: Ich mag Kekse!

Ich wünsche mir sehr, dass dieses Buch dich inspiriert hat. Hoffentlich hast du viel gelacht! Und dich an manchen Stellen wiedererkannt. Und auch was gelernt.

Alles Liebe
deine Rebekka

Danke!

Zum guten Schluss ein paarmal Danke!

Wie könnte ich ein Buch schreiben, ohne Danke zu sagen? Geht nicht, denn ich will unbedingt Danke sagen!

Danke an meine Familie und Freunde – ihr seid die besten! Danke, dass ihr seid, wie ihr seid. Ich bin so beschenkt mit Menschen wie euch, die mich inspirieren und so toll sind.

Ich freu mich so sehr, dass dieses Projekt Wirklichkeit geworden ist. Und das wäre nicht ohne all die Menschen in meinem Umfeld gegangen, mit denen ich mich austauschen konnte, die mich ermutigt haben, und die mir – danke auch dafür! – Stoff zum Erzählen geboten haben. Ich hoffe sehr, ihr bleibt meine Freunde, auch wenn ihr euch in manchen Kapiteln wiedererkannt habt!

Mama und Papa: In dem, wie ihr eure Ehe lebt, seid ihr mir ein großes Vorbild. Dass ihr nach all den Jahren noch immer glücklich verheiratet seid, ist nicht selbstverständlich. Das weiß ich. Umso dankbarer bin ich für euch und dieses Vorleben! Danke dafür!

Danke Hanna, Janine, Carmen, Rebekka, Rebekka, Maria und Kathrin – für eure Zeit, eure Ermutigungen, euer An-mich-Glauben, für alles Zweifelbeseitigen, eure Gebete, euer Feedback und euer Anfeuern!

Danke Daniela für dein Design. Als ich den ersten Entwurf gesehen habe, bin ich fast vom Stuhl gefallen. Ohne dass wir uns persönlich kannten, hast du auf Anhieb ein Cover gestaltet, das so sehr „ich" ist, dass ich es kaum fassen kann. Das sehen übrigens auch alle anderen, die mich kennen, so!

Und ein großes Danke an Konstanze – beste Lektorin von Welt. Danke für deinen Mut und deine Vision für dieses Baby. Danke für alle Ermutigungen, Karten, Tipps und dein Können. Ich wäre manchmal beinahe verzweifelt. Okay, ehrlich gesagt bin ich verzweifelt. Und du hast mich jedes Mal beruhigt, ermutigt und den ganzen Prozess begleitet. Ich kenne niemanden, der so extrem den Überblick behält und in jedem einzelnen wahllos geschriebenen Text so sehr den roten Faden sieht, während alle anderen das Pixelbild sehen würden (wie früher, wenn ein Fernsehsender eine Störung hatte). Es macht so viel Spaß, mit dir zusammenzuarbeiten! Ehrlich, es ist mir eine Ehre!

Tja, und zum Schluss? Danke, dass du dieses Buch tatsächlich bis zum Ende gelesen hast. Das bedeutet mir viel!